Comunicação e tecnologia

Fábio Ronaldo da Silva

Rua Clara Vendramin, 58 | Mossunguê
CEP 81200-170 | Curitiba | PR | Brasil
Fone: (41) 2106-4170
www.intersaberes.com
editora@intersaberes.com

Conselho editorial | Dr. Ivo José Both (presidente) | Dr.ª Elena Godoy | Dr. Neri dos Santos | Dr. Ulf Gregor Baranow
Editora-chefe | Lindsay Azambuja
Gerente editorial | Ariadne Nunes Wenger
Assistente editorial | Daniela Viroli Pereira Pinto
Edição de texto | Mille Foglie Soluções Editoriais | Mycaelle Albuquerque Sales | Gustavo Piratello de Castro
Capa | Charles L. da Silva (*design*) | SFIO CRACHO/Shutterstock (imagens)
Projeto gráfico | Silvio Gabriel Spannenberg (*design*) | Vladimir Sukhachev/Shutterstock (imagem)
Diagramação | Querido Design
Equipe de design | Débora Gipiela | Luana Machado Amaro
Iconografia | Sandra Lopis da Silveira | Regina Claudia Cruz Prestes

Dados Internacionais de Catalogação na Publicação (CIP)
(Câmara Brasileira do Livro, SP, Brasil)

Silva, Fábio Ronaldo da
    Comunicação e tecnologia/Fábio Ronaldo da Silva. Curitiba: InterSaberes, 2021.

    Bibliografia.
    ISBN 978-65-5517-945-3

    1. Big Data 2. Cibercultura 3. Comunicação e tecnologia 4. Internet (Rede de computador) 5. Linguagem 6. Meios de comunicação 7. Mídias digitais 8. Redes sociais on-line I. Título.

21-55775   CDD-303.4833

Índices para catálogo sistemático:
1. Comunicação e tecnologia: Sociologia 303.4833

Cibele Maria Dias – Bibliotecária – CRB-8/9427

1ª edição, 2021.

Foi feito o depósito legal.

Informamos que é de inteira responsabilidade do autor a emissão de conceitos.

Nenhuma parte desta publicação poderá ser reproduzida por qualquer meio ou forma sem a prévia autorização da Editora InterSaberes.

A violação dos direitos autorais é crime estabelecido na Lei n. 9.610/1998 e punido pelo art. 184 do Código Penal.

Sumário

- 5   Apresentação
- 7   Como aproveitar ao máximo este livro

1 Relação entre tecnologia e comunicação social — 11
- 14   1.1 O ato de comunicar
- 16   1.2 Origens da comunicação humana
- 20   1.3 Invenção da prensa de tipos móveis
- 25   1.4 Criação da mídia impressa e revolução da comunicação
- 32   1.5 Nascimento do rádio e da televisão
- 41   1.6 Criação do computador e surgimento da internet

2 Influência de características pessoais, situacionais e tecnológicas nos processos de comunicação — 53
- 55   2.1 A arte de comunicar
- 60   2.2 Construção do texto jornalístico e marcas do jornalista
- 70   2.3 A "magia da voz" no dispositivo radiofônico
- 74   2.4 Convergência das mídias e novas formas de interação com o público

3 Relação do homem com as tecnologias de comunicação — 87
- 89   3.1 O homem e a tecnologia
- 93   3.2 Desenvolvimento das tecnologias de informação
- 98   3.3 Novas tecnologias de informação e comunicação
- 100   3.4 Leitor ubíquo
- 103   3.5 *Blogs*
- 107   3.6 *Web* e reconfiguração do jornalismo
- 115   3.7 Internet e mais mudanças

127 **4 Prossumidores**
129 4.1 Cultura da convergência
133 4.2 Prossumidor
141 4.3 O novo consumidor
144 4.4 A emergência do prossumidor de conteúdo da *web*
148 4.5 Criação de conteúdo pelo usuário
152 4.6 Cultura participativa e de fãs
156 4.7 Influenciadores digitais
159 4.8 Gerenciamento

165 **5 Novas tecnologias**
167 5.1 Um sistema de todos para todos
170 5.2 Novos modelos de negócios
174 5.3 Redes colaborativas
180 5.4 Wiki como novo espaço para trabalho
182 5.5 A importância da internet para as redes colaborativas
189 5.6 Redes sociais e ferramentas colaborativas

201 **6 Cibercultura**
203 6.1 Tecnologia e cotidiano
206 6.2 Ambiente digital e cibercultura
212 6.3 Mídias móveis
219 6.4 Mídia massiva e pós-massiva
227 6.5 Redes sociais
233 6.6 *Big data* e Internet das Coisas

241 Estudo de caso A
245 Estudo de caso B
249 Considerações finais
251 Lista de siglas
253 Referências
264 Bibliografia comentada
267 Respostas
271 Sobre o autor

Apresentação

A sociedade contemporânea converge na constituição de uma nova fase da evolução na história da humanidade, sendo as estruturas comunicacionais, de colaboração, cooperação e compartilhamento da mensagem garantidas pelas tecnologias intelectuais inteligentes. Estas vêm modificando as relações de tempo e de espaço com consequentes mudanças na construção do saber e do conhecimento.

Quando se tem acesso às ferramentas ideais, isto é, no mínimo um celular ou computador com acesso à internet, qualquer pessoa pode criar e divulgar conteúdo nas mais distintas plataformas na internet. Pessoas, empresas e instituições dos mais diversos ramos tiveram de adaptar sua forma de comunicar, interagir e produzir, buscando conhecer e atuar nesse novo cenário digital, o ciberespaço.

Percebe-se na atual conjuntura da comunicação uma grande alteração na forma de interação entre as mídias massivas com a emergência da *web* e das redes sociais virtuais. As empresas percebem, cada vez mais, a necessidade de se integrar com uma nova realidade. Diante de tais perspectivas, surgem também novas demandas por profissionais especializados na área. Um exemplo são os profissionais especializados em redes sociais ou mídias digitais, assim como novos agentes produtores, os *prossumers*.

Este livro foi elaborado com o objetivo de contribuir para a reflexão sobre essa temática com visão científica baseada em situações práticas e cotidianas. Afinal, trata-se de um fenômeno social de pleno direito, cujo estudo pode suscitar questões importantes sobre o papel da mídia, a construção do debate público e, ainda, a democratização da comunicação e informação.

Dessarte, buscamos oferecer um livro com rigor científico para o tratamento dos temas aqui elencados, mas também um material que abranja situações da prática profissional no ciberespaço. Nosso intuito é evidenciar que aquilo que expomos nesta obra é efetivamente vivenciado por diferentes profissionais, em especial sob nosso foco, aqueles comprometidos com as diversas áreas da comunicação.

Nos seis capítulos desta obra, além da exposição de assuntos vários relacionados á comunicação na contemporaneidade, oferecemos sugestões de outras obras, filmes e outros materiais que complementarão, também de forma didática, os temas abordados.

Desejamos a você, leitor, uma ótima reflexão sobre a efervescente cibercultura.

Como aproveitar ao máximo este livro

Empregamos nesta obra recursos que visam enriquecer seu aprendizado, facilitar a compreensão dos conteúdos e tornar a leitura mais dinâmica. Conheça a seguir cada uma dessas ferramentas e saiba como elas estão distribuídas no decorrer deste livro para bem aproveitá-las.

Conteúdos do capítulo

- Surgimento da linguagem,
- Invenção da prensa de Gut
- Desenvolvimento tecnoló mídias radiofôn
- Criação do com

Conteúdos do capítulo Logo na abertura do capítulo, relacionamos os conteúdos que nele serão abordados.

Após o estudo deste capítulo, você será capaz de:

1. definir o que é comunica
2. explicar o que é e quand
3. identificar a importância prensa de tipos móveis p da imprensa;
4. relatar como a comunica nicos a partir do século X tantes alterações nas so

Após o estudo deste capítulo, você será capaz de: Antes de iniciarmos nossa abordagem, listamos as habilidades trabalhadas no capítulo e os conhecimentos que você assimilará no decorrer do texto.

Importante!

Como afirmamos, cada meio de c[...]
ticas específicas, quais sejam:

- **Jornal**: periodicidade, atualid[...]
- **Revista**: periodicidade, espec[...]
- **Rádio**: oralidade, penetrabilid[...]
- **Televisão**: informação visual, i[...] mento, audiência, integração [...] (como uma aldeia global) por [...] vivo e criação de modismos.

Importante! Algumas das informações centrais para a compreensão da obra aparecem nesta seção. Aproveite para refletir sobre os conteúdos apresentados.

Para saber mais

THE MACHINE That Made Us. Direção: Pa[...]
56 min.

Esse documentário, que é aprese[...]
relata a história de Gutenberg e [...]
tipos móveis, demonstrando, po[...]
processo de fabricação e seu fun[...]

Para saber mais Sugerimos a leitura de diferentes conteúdos digitais e impressos para que você aprofunde sua aprendizagem e siga buscando conhecimento.

Preste atenção!

Cunhada pelo francês Konstantin P[...]
a palavra *televisão* deriva da grega [...]
latino *videre* ("ver") e faz referência [...]
magnéticas em imagem e som, a g[...]
pelo aparelho homônimo.

A exemplo das demais invenções c[...]
a criação da televisão não pode se[...]
pessoa, pois, em diferentes lugare[...]

Preste atenção! Apresentamos informações complementares a respeito do assunto que está sendo tratado.

Síntese

- A tecnologia e seu desenvolvim[...]
  o surgimento dos veículos de [...]
  oferecem informação, entrete[...]
- Para que a comunicação acon[...]
  tência do emissor, da mensag[...]
- Cada meio de comunicação te[...]
  conforme o nível de desenvol[...]
  contexto em que foi inventado.
- A prensa de tipos móveis, criad[...]
  Gutenberg, foi, durante muitos [...]

Síntese Ao final de cada capítulo, relacionamos as principais informações nele abordadas a fim de que você avalie as conclusões a que chegou, confirmando-as ou redefinindo-as.

Questões para revisão Ao realizar estas atividades, você poderá rever os principais conceitos analisados. Ao final do livro, disponibilizamos as respostas às questões para a verificação de sua aprendizagem.

Questões para revisão

1) A linguagem abrange todos os gestos, sons, fala, textos escri[...] que possa estabelecer a intera[...] Nessa direção, a linguagem po[...] um sistema organizado de sin[...] atos comunicacionais entre in[...]
   Sobre esse sistema, é correto a[...]
   a) a linguagem pode ser com[...] tipo de comunicação huma[...]

O que é

O termo ***cauda longa*** foi cunhado [...] Anderson (1961-) em livro homôni[...] rência às estratégias de vendas c[...] segmentado. A escolha do termo [...] ao examinar gráficos de vendas ([...] disponíveis (linha horizontal), An[...] formato destes se assemelhava a[...]

O autor percebeu que os produtos [...] çavam maior número de vendas, [...]

O que é Nesta seção, destacamos definições e conceitos elementares para a compreensão dos tópicos do capítulo.

Exemplo prático Nesta seção, articulamos os tópicos em pauta a acontecimentos históricos, casos reais e situações do cotidiano a fim de que você perceba como os conhecimentos adquiridos são aplicados na prática e como podem auxiliar na compreensão da realidade.

Exemplo prático

É sabido que cibercultura é a cult[ura da] utilização da internet em diferent[es suportes] (computador, *tablet*, *smartphone*,

Todas as vezes que alguém utiliza [redes] como Facebook, TikTok, Instagra[m ou posta] algo, está contribuindo para a for[mação de] um espaço no ciberespaço. E ao v[isitar] um espaço específico, o perfil des[ta pessoa ao longo do] tempo, uma identidade e um curr[ículo]

Bibliografia

trata da segmentação d[e mercado] e apresenta modos de s[e definir o] público-alvo, analisan[do aspectos] referentes à propaga[nda, empreen]dorismo e a finanças.

Nesse livro, o autor a[nalisa como] a economia e a cultur[a] voltaram-se para púb[licos] segmentados. Examina[ndo o] mercado cultural, Ande[rson identifica] pequenos nichos de pú[blico]

Bibliografia comentada Nesta seção, comentamos algumas obras de referência para o estudo dos temas examinados ao longo do livro.

Estudo de caso Nesta seção, relatamos situações reais ou fictícias que articulam a perspectiva teórica e o contexto prático da área de conhecimento ou do campo profissional em foco com o propósito de levá-lo a analisar tais problemáticas e a buscar soluções.

Estudo de caso

lizou em fotografar *sho[ws e peças]* teatrais. Nessa profissã[o há várias] atividades artísticas de[várias moda]lidades da música, do t[eatro] e do cinema nacional. E[le mora] na cidade em que vive [e, em seu] trabalho, muitos artista[s o contratam para] fotografar apresentaçõ[es como festas de] São João ou *réveillon*, a[lém de peças de] teatro. Por causa da pa[ndemia,] seus contratos foram ca[ncelados.]

Considerando o que foi

1
Relação entre tecnologia e comunicação social

Conteúdos do capítulo

- Surgimento da linguagem.
- Invenção da prensa de Gutenberg.
- Desenvolvimento tecnológico e criação das mídias radiofônica e televisiva.
- Criação do computador e da internet.

Após o estudo deste capítulo, você será capaz de:

1. definir o que é comunicação;
2. explicar o que é e quando surgiu a linguagem;
3. identificar a importância da invenção da prensa de tipos móveis para o surgimento da imprensa;
4. relatar como a comunicação, via meios eletrônicos a partir do século XX, suscitou importantes alterações nas sociedades.

São muito frequentes as mudanças sofridas pela sociedade; grande parte delas, são impulsionadas pela evolução tecnológica. Diariamente, os sujeitos são bombardeados por algum tipo de tecnologia, a qual pode passar desapercebida de tão naturalizada, funcionando, por vezes, como extensão dos corpos dos indivíduos.

Além das mídias tradicionais, como jornais, revistas, rádio e televisão, constituem esse cenário as novas mídias (ou mídias móveis), como computadores, *tablets*, *smartphones* e outras tecnologias de informação e comunicação (TICs), que possibilitam a recepção de diferentes tipos de informações e em uma velocidade até então inédita.

Para isso, foi necessário um processo de invenções e descobertas tecnológicas que contribuíram para o desenvolvimento da comunicação humana e de suas mídias. E é sobre essa evolução que discorreremos neste capítulo.

A comunicação acontece de diversas formas e em todos os lugares, pois é parte da dinâmica de funcionamento da sociedade. Entretanto, durante extenso período, a informação não era produzida nem disponibilizada em tempo real ou de forma eletrônica. Comentaremos neste capítulo que, antes mesmo da invenção da prensa de Gutenberg, um dos grandes marcos da história, a humanidade teve de aprender a criar e identificar signos e símbolos, bem como inventar suportes para fixar a escrita; e foi com os avanços tecnológicos citados (desenvolvidos no século XX) que a comunicação social e, mais especificamente, a mídia, em seus diferentes tipos, aprimoraram-se. Ao longo de nossa explanação, explicaremos como esses avanços alteraram (e vêm alterando) as formas de interações sociais, educacionais, laborais e de entretenimento.

1.1
O ato de comunicar

Antes de iniciarmos uma retomada histórica dos primórdios da comunicação humana, convém assinalarmos que esta não existe por si mesma, isolada da sociedade. Sem a comunicação, a sociedade não existiria, e vice-versa. Ela é o canal transmissor de cultura e que permite se integrar a diferentes esferas da sociedade, como a família, a escola, os grupos de amizade, a nação. Por meio dela, portanto, aprendem-se e constroem-se crenças, valores, hábitos etc. Portanto, configura uma necessidade básica da humanidade, do **homem social**, e que independe dos meios de comunicação social.

Segundo Bordenave (2006, p. 19), "Temos tanta consciência de que comunicamos como de que respiramos ou andamos. Somente percebemos a sua essencial importância quando, por um acidente ou uma doença, perdemos a capacidade de nos comunicar".

Entende-se por *comunicar* – palavra que deriva do latim *communicare* e significa "participar de algo", "partilhar", "tornar comum" – o ato de emitir e compreender uma mensagem enviada ou recebida. Logo, a comunicação pressupõe a emissão e o compartilhamento de ideias e pensamentos; dessa feita, ela envolve um **campo interacional físico ou virtual**.

Vale ressalvar, porém, que só há comunicação quando ocorre a decodificação, ou seja, a compreensão da mensagem enviada pelo emissor.

Os principais componentes desse processo são o emissor, a mensagem e o receptor. Com o advento da internet, mais especificamente da *web* 2.0, esse modelo sofreu mutações – tópico de que trataremos adiante. De forma geral, ele pode ser esquematizado como na Figura 1.1.

Figura 1.1 Elementos da comunicação

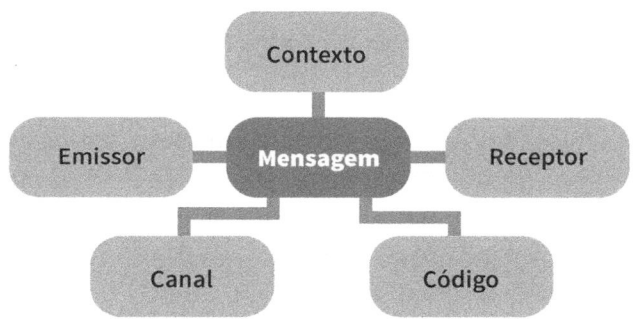

O **emissor**, também chamado de *remetente*, é aquele que envia a mensagem a alguém – nesse caso, o destinatário, ou ***receptor***, agente ativo no processo comunicativo. Para que a comunicação se efetive, é necessário que quem recebe a **mensagem** consiga decodificá-la, isto é, entender o conteúdo enviado. O **canal**, ou *veículo*, é o meio pelo qual a mensagem é enviada, propagada, transmitida ao emissor, podendo ser o corpo humano, um bilhete, a televisão, um *smartphone* etc., ao passo que o **código** é formado por um conjunto de signos, que compõem as mensagens. O idioma falado em qualquer país é um código. No Brasil, esse elemento corresponde à língua portuguesa, à Língua Brasileira de Sinais (Libras) e ao braile. No entanto, existem outros tipos de códigos, por exemplo, as cores, os símbolos nas placas de trânsito e o código morse.

O **contexto** está relacionado à circunstância ou ao sentido da mensagem. Para que esta seja entendida, é preciso que os receptores estejam no mesmo contexto, isso pelo fato de existirem palavras que, simultaneamente, apresentam sentidos diferentes. Por exemplo, nas frases "É preciso colher as laranjas" e "Por favor, me passe a colher", figuram palavras homógrafas: *colher* (utensílio) e *colher* (ação); apesar de a realização fônica e gráfica serem idênticas nas duas frases, as referidas palavras têm significados distintos.

Existem ainda os **ruídos**, referentes aos elementos que prejudicam a emissão ou a recepção da mensagem, a exemplo de problemas ambientais, desconhecimento de palavras, expressão de ideias desconexas, problemas de saúde ou psicológicos, entre outros. Ruídos devem sempre ser evitados.

Compreendido o que é e como se efetiva a comunicação, apresentaremos agora seu advento.

1.2
Origens da comunicação humana

Os primeiros indícios da comunicação advêm da pré-história: a linguagem pictórica das artes rupestres. Alguns autores, no entanto, argumentam que essas pinturas serviam mais para expressar do que para comunicar, visto que elas sempre se encontravam no fundo de cavernas; por isso, fala-se em *arte rupestre*. A pintura rupestre da Figura 1.2 mostra como os primeiros humanos registravam as ações do cotidiano.

Figura 1.2 Arte rupestre: primeiros vestígios de comunicação humana

Nessa conjuntura, o homem passou a associar gestos e sons a algum tipo de ação ou objeto, o que culminou na construção de signos. Estes são elementos que fazem referência a uma ideia ou coisa (objeto, criatura, local etc.), sendo a *significação* seu uso social. Viu-se nascer, assim, a base da linguagem e da comunicação. Por meio do domínio de um repertório de signos, bem como das regras para combiná-los, a linguagem foi sendo criada e aprimorada. Isso reitera a seguinte afirmação de Giovannini (2000, p. 26), "a linguagem, mesmo se não articulada, pressupõe a capacidade de traduzir em conceitos os elementos da vida cotidiana, de representar a realidade através de símbolos".

Aos poucos, os homens da pré-história aprenderam a decifrar os símbolos, fabricar utensílios e cooperar com seus semelhantes, o que, mais tarde, deu origem à sociedade.

Acredita-se que a primeira forma organizada de comunicação humana foi a linguagem oral, que independe da linguagem gestual. Todavia, a oralidade apresenta duas grandes limitações: a impermanência e a falta de alcance.

De acordo com Pauluk (2004), durante grande parte da Idade Antiga, não se conhecia uma forma precisa de registro das palavras faladas. Entre vários povos, existiam diferentes tipos de escrita com um aspecto comum: todas eram pictográficas ou ideográficas, isto é, valiam-se de desenhos ou pinturas. O grande problema disso era o fato de cada povo ter seus próprios símbolos e desenhos com significados específicos, o que dificultava o entendimento e a difusão desses significados.

Apenas com o surgimento e o desenvolvimento dos sistemas alfabéticos, tornou-se possível uma correspondência entre símbolos (letras) e fonemas (sons). Dessa forma, com um repertório linguístico, facilitou-se o ato de comunicar. Para Havelock (1996), a escrita alfabética contribuiu para o rompimento de uma tradição baseada na oralidade, e essa nova mídia influenciou as formas de organizar e expressar o pensamento.

Importante!

Três pontos são cruciais para o entendimento dos temas em foco, quais sejam: (1) sempre haverá uma relação entre linguagem, comunicação e tecnologia; (2) os avanços tecnológicos possibilitam a mudança de mentalidade das sociedades; (3) os humanos são os únicos seres viventes a registrar seus feitos.

Por muito tempo, não existiu qualquer suporte que pudesse fixar a linguagem oral, tampouco modos de transmiti-la a distância. Isso só começou a mudar no século IV a.C., com a invenção da escrita e, mais tarde, com a adoção de suportes para fixá-la, como barro, cerâmica, metal, papiro, papel e, mais recentemente, memórias de computadores. Essas são algumas das formas que a humanidade encontrou para conferir às palavras a capacidade de atravessar o tempo e o espaço.

Mas, como lembra Bordenave (2006, p. 28-29),

> Apesar de existirem alfabetos, por muitos séculos a cultura transmitiu-se oralmente, por meio da linguagem falada, e visualmente, por meio das imagens. O uso de imagens para a difusão da cultura – que muitos consideram um fenômeno moderno – é realmente muito antigo. Lembremo-nos, por exemplo, que durante a Idade Média o povo não tinha acesso à linguagem escrita (restrita aos monges e às pessoas letradas), mas os vitrais das catedrais comunicavam-lhe, através de coloridas imagens, toda a história sagrada sobre a qual fundamentava-se sua fé religiosa e grande parte de sua cultura.

Portanto, a escrita é um dos principais alicerces do processo de comunicação social, pois permite não apenas contar a história, mas também transmiti-la. Castells (1999, p. 413), porém, aponta que a criação do alfabeto não resultou na disseminação instantânea da arte e da escrita – isso demandou muitos séculos –, mas ajudou a construir "a infraestrutura mental para a comunicação cumulativa, baseada em conhecimento".

À proporção que a linguagem evoluiu, aprimoraram-se os meios de comunicação. A tecnologia ajudou no processo de informação e reduziu virtualmente as distâncias, algo que a história tem mostrado desde a Antiguidade, onde se encontram os primórdios do jornalismo e a invenção do correio; à época, os cavalos é que abreviavam o processo.

A informação de caráter "oficial" surgiu em Roma Antiga, com a criação do "jornal-mural" durante o governo de Júlio César (59 a.C.); no período, a gestão local decidiu informar aos cidadãos conquistas de territórios, datas importantes, entre outros assuntos de interesse do imperador. Assim, quem detinha o poder decidia o que seria publicado e quais assuntos os cidadãos mereciam ou deveriam saber. Por terem certa periodicidade, atualidade e variedade de informações, *as actas diurnas* são consideradas a gênese do que, posteriormente, seria denominado *jornalismo*.

Com a invenção do papel pelos chineses em 105 d.C., os mundos ocidental e oriental encontraram, se não maior velocidade, maior segurança com a possibilidade de enviar informações por meio de cartas no correio (uma criação dos romanos). Portanto, esses foram os maiores desenvolvimentos tecnológicos quanto à comunicação até boa parte do século XX, quando a humanidade acompanhou a aparição de um engenho fascinante que mudaria a sua trajetória; o principal responsável por isso foi o alemão Johannes Gutenberg (1400-1468), como comentaremos na sequência.

1.3
Invenção da prensa de tipos móveis

Como declaramos nas seções anteriores, ler e escrever foi, durante séculos, privilégio de poucos. Grande parte da população não dispunha de dinheiro o suficiente para comprar livros, que eram feitos por copistas – indivíduos, geralmente dos mosteiros, pagos para reproduzir, por meio de cópia à mão, cada página desses materiais. Era um trabalho cansativo (demandava replicar da primeira à última folha), demorado e feito em condições com pouco ou nenhum conforto (lembre-se de que se trata do século XV e inexistiam luz elétrica, ar-condicionado etc.). Além disso, era um trabalho bastante custoso, pois o livro manuscrito requeria sempre idênticos serviço e tempo de produção. Assim, quem tinha acesso à leitura e aos livros, além dos monges, eram os nobres, pessoas mais abastadas.

Briggs e Burke (2004) destacam que o ritual – multimídia por envolver tanto imagem quanto som – era outro meio de comunicação desse período, capaz de atingir as pessoas analfabetas. Ele era um dos modos mais eficientes de comunicação, visto que era absorvido simultaneamente por olhos e ouvidos. Porém, com a invenção da prensa de tipos móveis, essa história começou a mudar.

A princípio, Gutenberg dedicou-se a xilogravuras (principal forma de impressão da época, feita com carimbos talhados em madeira) sacras, possivelmente derivando daí seu desejo de criar a tipografia, para a impressão de textos (Costella, 2002). Essa primeira tecnologia de impressão em larga escala resultou da adaptação de uma máquina de espremer uvas, ferramenta bastante empregada no contexto do referido inventor, já que sua cidade natal, Mainz, era grande produtora de vinho. Por ser ourives, tendo maior habilidade em forjar metais, provavelmente foi menos difícil para ele adaptar tal máquina para trabalhar com tipos móveis.

Embora existam relatos de que, mais de três séculos antes de Gutenberg, os chineses já fabricassem a prensa com tipos móveis, imprimindo com cinzas de papel em argila, a grande mudança promovida pelo inventor alemão foi a impressão em papel e com tipos móveis, que possibilitava a reprodução de várias páginas serializadas do mesmo texto e que produzia impressões iguais. Para replicar diferentes textos, bastava reorganizar os tipos e iniciar uma nova impressão – algo inédito até então. Devemos apontar outro importante detalhe: por mais que tenham sido os idealizadores da prensa, os chineses usavam ideogramas e, como a língua chinesa apresenta milhares de caracteres, seriam necessários milhares de tipos; Gutenberg, em contrapartida, empregou os sinais gráficos e os caracteres comuns na Europa.

Assim, em 1456, Gutenberg entregou ao mundo a versão impressa de centenas de exemplares da Bíblia, que continha mais de 600 páginas, com 42 linhas cada, inaugurando a crescente impressão de diferentes textos. Isso deve ser salientado porque o copista só trabalhava por encomenda, ou seja, estava a serviço de um contratante específico, fazendo a cópia de um livro específico, ao passo que o tipógrafo produzia e imprimia livros para um mercado vário, buscando atender a essa multiplicidade.

Graças à invenção da prensa móvel, o acesso aos livros foi democratizado, ainda que de modo incipiente, dado que uma pequena parcela da população sabia ler. De qualquer modo, esse avanço deu vias a diversos movimentos, como a Reforma Protestante e o Iluminismo, além de inovações como a literatura moderna e o jornalismo.

A Figura 1.3 demonstra como era a prensa, considerada a primeira grande revolução do mundo moderno. O impacto desse evento foi tamanho para sua época que poderia ser comparado à revolução proporcionada no mundo contemporâneo pelo advento da internet.

Figura 1.3 Gutenberg observando a impressão feita em sua prensa

Coleção Everett/Shutterstock

Para saber mais

THE MACHINE That Made Us. Direção: Patrick McGrady. EUA: BBC, 2008. 56 min.

Esse documentário, que é apresentado por Stephen Fry, relata a história de Gutenberg e do advento da prensa de tipos móveis, demonstrando, por meio de um simulacro, seu processo de fabricação e seu funcionamento.

Chartier (1994) reitera que a invenção da prensa foi algo tão revolucionário quanto a do computador. Para o historiador,

> a primeira revolução é técnica: ela modifica totalmente, nos meados do século XV, os modos de reprodução dos textos e de produção dos livros. Com os caracteres móveis e a prensa de imprimir, a cópia manuscrita deixa de ser o único recurso para assegurar a multiplicação e a circulação dos textos. (Chartier,1994, p. 185-186)

Nesse sentido, a prensa permitiu o registro e a preservação do conhecimento, difundindo ideias e pensamentos antes restritos ao clero e à nobreza e salvaguardando os escritos. Com isso, essas informações puderam ser propagadas rapidamente por todo o mundo.

No que se refere à imprensa na qualidade de instituição, esta levou mais algum tempo para ser criada. Durante um século e meio, os tipógrafos só imprimiram folhetos e livros. Apesar disso, a máquina de tipos móveis colaborou para a difusão de outras tecnologias, a padronização da forma escrita e a popularização dos conteúdos.

A impressão em massa, criada no século XV, passou cinco séculos sem sofrer alterações; somente em 1904 é que foi proposta a técnica de litografia, fazendo nascer a impressão em *offset*.

1.4
Criação da mídia impressa e revolução da comunicação

Como explicamos, passaram 150 anos da invenção da prensa até que a mídia impressa nascesse com a publicação de jornais no século XVII, aumentando as expectativas sobre o que a tecnologia seria capaz de ofertar à humanidade.

Antes de haver um jornal diário nos moldes atuais, emergiam as revistas. A primeira delas foi publicada na Alemanha, em 1663, e chamava-se *Edificantes Discussões Matinais*. Dois anos depois, na França, foi lançada a *Journal des Savants*. *Espelho Diamantino* foi a primeira revista brasileira, lançada em 1827 e publicada até 1928; essa publicação periódica voltava-se ao público feminino e, entre outros temas, tratava de política, moda e literatura.

Você pode estar se perguntando: Por que esse tipo de publicação foi denominado *revista* em vez de *jornal*? Scalzo (2006, p. 19) explica que a revista "destina-se a públicos específicos e aprofunda os assuntos – mais que os jornais, menos que os livros". Logo, as revistas, em seu início, eram monotemáticas, destinavam-se a nichos específicos e suas matérias eram um pouco mais densas do que as notícias dos jornais e bem menos do que as explanações de livros. Mesmo se tornando pluritemáticas, as peculiaridades desse tipo de publicação continuaram diferenciando-o dos livros e jornais.

Os primeiros jornais impressos surgiram em países como Alemanha e França, à semelhança das revistas. O primeiro periódico diário foi lançado em 1702, na Inglaterra, e chamava-se *The Daily Courant*. Com essa mídia, despontou a interação com o público, pois se pedia aos leitores que enviassem cartas com críticas e sugestões concernentes aos conteúdos publicados.

Nesse cenário, as máquinas a vapor possibilitaram o aprimoramento da tipografia e dos processos industriais da produção de papel, reduzindo os custos de produção de livros e jornais e aumentando consideravelmente o número de cópias. De acordo com Straubhaar e LaRose (2004), em razão do aumento do número de pessoas plenamente alfabetizadas e do acesso a conhecimentos antes restritos, transformou-se a maneira de agir e pensar dos sujeitos, o que marcou uma nova fase da história da civilização ocidental.

A inserção de uma nova mídia também promove mudanças na infraestrutura de uma sociedade, como aponta Costella (2002). Segundo o autor, com a disseminação dos jornais impressos, aperfeiçoou-se o serviço de correio entre cidades, o que gerou:

- aumento da segurança nas estradas (algo bastante importante para o desenvolvimento do comércio); e
- melhoria na qualidade técnica do setor de edição e impressão ocasionado também pela Revolução Industrial.

E no Brasil, como ocorreram o nascimento da imprensa e a publicação dos primeiros jornais?

Depois de fugir de Portugal, a família real instalou-se no Brasil e autorizou o funcionamento das primeiras tipografias da colônia, sendo então publicada a *Gazeta do Rio de Janeiro* em 10 de setembro de 1808, por decreto de D. João VI. Esse periódico publicava informações sobre questões políticas e o cotidiano da família real.

Entretanto, já circulava por aqui, desde o mês de junho do mesmo ano, o *Correio Braziliense* (ou *Armazém Literário*), produzido por Hipólito José da Costa Furtado de Mendonça, mas impresso em Londres, país em que estava exilado. Esse foi o primeiro jornal a ser regularmente publicado em língua portuguesa e livre da censura da Coroa. A principal proposta do jornal era denunciar os problemas da administração do país e estimular o processo de independência do Brasil. O *Correio Braziliense* foi publicado de forma ininterrupta e esteve em circulação até dezembro de 1822, ano da independência do país.

Retornando a nossa explanação de abrangência global, a Revolução Industrial também influenciou a chamada *revolução da comunicação*. Em 1812, nos Estados Unidos, Friedrich Köening (1714-1833) criou a prensa rotativa a vapor. Essa invenção tecnológica conferiu, em alguns anos, novo ritmo à produção gráfica, elevando de forma substancial a quantidade de material impresso. Dois anos após essa invenção, passou-se a publicar na Grã-Bretanha o jornal *The Times*. Com a nova tecnologia, chegou-se à impressão de 1.100 folhas/hora, algo inédito até então.

Em virtude do aumento do número de leitores em todo o mundo, os jornais passaram a ser vistos como uma ótima vitrine para anúncios publicitários, como lembra Thompson (1998, p. 74): "a propaganda comercial adquiriu um importante papel na organização financeira da indústria; os jornais se tornaram um meio vital para a venda de outros bens e serviços". Diante da proeminência dessa nova área, a publicidade, os jornais encontraram uma alternativa para financiar os custos de sua produção, o que barateou seu preço final.

A revolução da comunicação, que pode ser entendida como uma vitória sobre o tempo e o espaço, começou a ganhar corpo no final do século XIX, não apenas em razão da velocidade das máquinas (trem e barco a vapor), mas também do nascimento da fotografia, do telégrafo, do telefone, do cinema, do rádio e da televisão.

Albuquerque (1985) aponta que, graças ao avanço da comunicação elétrica, mudanças na comunicação aconteceriam cedo ou tarde. Para o autor, a imprensa escrita beneficiou-se bastante do telégrafo, dado que este viabilizou divulgar informações mais rapidamente, conferindo às notícias atualidade e relevância. A distância foi, assim, sendo encurtada entre pessoas, mercados e países.

Em 1876, buscando concretizar o desejo de transmitir sons orais via ondas eletrônicas, Alexander Graham Bell (1847-1922) criou o telefone (Figura 1.4). Todavia, essa invenção, que é a convergência entre acústica e eletricidade, por algum tempo, foi considerada apenas uma versão melhorada da telegrafia[1] e mero objeto de entretenimento. Para se utilizar o telefone, era preciso um código, assim como no telégrafo, porque funcionava mediante o envio de sinais sonoros por cabeamento. Pouco a pouco esse artefato passou a ser visto como um grande amigo da imprensa, dos bancos e da bolsa de valores (Briggs; Burke, 2004), convertendo-se em uma ferramenta tão necessária quanto o atual celular.

---

1 O telégrafo eletrônico foi inventado por Samuel Morse na década de 1830 e tornou-se uma das formas de comunicação mais utilizadas da época.

Figura 1.4 Primeiro telefone da empresa Bell

LIBRARY OF CONGRESS. Primeiro telefone da Bell. Fotografia. Disponível em: <www.loc.gov/item/berlp0209/>. Acesso em: 18 fev. 2021.

Contemporaneamente a essa invenção, ocorreu a Exposição Universal de 1876, na Filadélfia, para comemorar o Centenário da Independência dos Estados Unidos. Dom Pedro II esteve no evento e nele conheceu Graham Bell e o aparelho recentemente criado. Em 1877, o Rio de Janeiro recebeu o primeiro telefone do país, que permitia a comunicação entre o Palácio da Quinta da Boa Vista e as casas dos ministros. Os primeiros telefones eram ligados a uma central manual, que era operada por uma telefonista. Quando desejava fazer uma ligação, o usuário girava uma manivela para contatar a telefonista, que atendia e completava a chamada.

Em paralelo, a fotografia e o cinema aprimoraram-se em virtude da criação da câmera escura, aparelho cuja versão atual é digital.

Louis Mandé Daguerre é considerado o pai da **fotografia** moderna por, entre outros feitos, ter criado e popularizado o daguerreótipo – o primeiro método de captura de imagens comercializadas em grande escala. Entretanto, no período, apesar de o daguerreótipo ter-se tornado popular, ainda era muito caro, sendo mais acessível adquirir, por exemplo, um retrato pintado. Por isso, outros atribuem aquele título a Joseph Nicéphore Niépce (1765-1833) por ter sido o primeiro a "escrever com luz" em uma superfície, sem usar nenhum tipo de tinta; a desvantagem dessa prática era que a imagem desaparecia após algum tempo. Polêmicas à parte, o importante é reconhecer que Daguerre produziu a máquina fotográfica para uso doméstico, da mesma maneira que aconteceu com o telefone e as mídias do século XX, a exemplo do rádio e da televisão.

O **cinema** destacou-se, no final do século XIX, por exibir imagens em movimento, algo totalmente inovador até aquele momento. Thomas Edison (1847-1931) inventou o cinetoscópio em 1891 nos Estados Unidos, o qual possibilitava a uma pessoa por vez assistir a um filme (na verdade, uma sequência de fotos que sugeriam movimento); mas foram os irmãos Auguste Nicholas Lumière (1862-1954) e Louis Jean Lumière (1864-1948) que, em 1895, apresentaram, em Paris, um projetor por meio do qual várias pessoas em uma mesma sala podiam assistir a filmes – o cinematógrafo (Figura 1.5), inaugurando o cinema tal como o conhecemos atualmente. Na época, isso era algo mágico e, ao mesmo tempo, assustador, pois muitas pessoas viam as projeções imaginando-as como reais; ao ver, por exemplo, a imagem de um trem em movimento, pensavam que ele sairia da tela.

Figura 1.5 O cinematógrafo criado por Auguste e Louis Lumière

Em complemento ao exposto, temos de mencionar George Méliès (1861-1938), ilusionista francês e diretor de cinema, famoso por liderar muitos desenvolvimentos técnicos e narrativos na aurora do cinema. Méliès foi pioneiro em diversas áreas – estúdio, gênero fílmico, técnicas mecânicas e químicas – e, graças a ele, existem os efeitos especiais. Ainda, foi ator, figurinista, fotógrafo e produtor. Produziu mais de 500 filmes e, entre os mais famosos, está *Viagem à Lua*, a primeira ficção audiovisual da história.

No contexto em análise, diante das mídias eletrônicas, a mídia impressa não perdeu sua importância e perdurou como meio de comunicação básico. O cinema, por sua vez, mesmo que lentamente, passou a ser explorado pelas grandes corporações, principalmente quando deixou de ser mudo, em 1927, quando do lançamento de *O cantor de jazz*, o primeiro filme sonorizado.

Você pode estar se perguntando: Qual importância o cinema teve (e ainda tem) como meio de comunicação de massa? Ao contrário da mídia impressa, ele não exige que se tenha um capital simbólico ou cultural; logo, é acessível para toda e qualquer pessoa, não demandando que se saiba ler (considerem-se aqui as produções mudas ou dubladas) nem escrever para consumir as obras que difunde. Por isso, tornou-se o primeiro meio de comunicação de massa, por atingir várias pessoas ao mesmo tempo, algo que a mídia impressa não conseguia (e até hoje não consegue) fazer. Entretanto, foi com a criação da prensa de Gutenberg e dos jornais que a cultura de massa começou.

Na sequência, discorreremos sobre o advento do rádio e da televisão, duas mídias importantíssimas na história da comunicação social e da humanidade.

1.5 Nascimento do rádio e da televisão

O rádio e a televisão são duas mídias essenciais para a população mundial, principalmente esta última, que continua exercendo grande impacto sobre a opinião pública (concorrendo atualmente com a internet, as redes sociais e aplicativos de mensagem dos *smartphones*). Contudo, foi o rádio que obteve maior penetrabilidade no cotidiano da população da zona rural, sendo o jornal e os filmes proeminentemente urbanos. Assim como o cinema, essas mídias só alcançaram o público graças aos avanços tecnológicos e ao uso da energia elétrica na comunicação.

A história do rádio é um pouco controversa no que se refere à paternidade da invenção, tendo dois protagonistas: um padre brasileiro e um cientista italiano. Podemos dizer que sua trajetória teve início antes do aparelho propriamente dito, com a descoberta das ondas eletromagnéticas, por onde os sinais se propagam. Em 1863, o físico James Clerk Maxwell (1831-1879) demonstrou teoricamente a possível existência de ondas eletromagnéticas, mas só em 1887 o princípio da propagação radiofônica foi formulado por Heinrich Rudolf Hertz (1857-1894). Ele fez saltar, por meio do ar, faíscas que separavam duas bolas de cobre, cunhando depois os termos *ondas hertzianas* e *quilohertz*. É no contexto dessas descobertas que nossos personagens se inserem.

Conta-se que, entre 1893 e 1894, o padre Roberto Landell de Moura (1861-1928) fez demonstrações públicas do uso de ondas hertzianas ao transmitir sinais de áudio da Avenida Paulista até o Alto de Santana, em uma distância de 8 km. Tais experimentos foram encerrados a pedido da Igreja Católica, que os concebia como "coisa do diabo".

Já Guglielmo Marconi (1874-1937), considerado o pai do Rádio, em 1896, comprovou, na Itália, a possibilidade de efetivar a comunicação sem fio e por meio de ondas eletromagnéticas. A transmissão de sons só foi possível com o aparecimento da válvula de três elementos (tríodo) para amplificar e emitir ondas magnéticas contínuas.

No final da Primeira Guerra Mundial, a empresa Westinghouse delineou (meio por acaso) o modelo de radiodifusão atual. A organização fabricava rádios para as tropas americanas e, com o fim do conflito, ficou com uma grande quantidade de aparelhos. Para evitar prejuízos, a solução adotada foi instalar uma grande antena no pátio da fábrica e transmitir música para os moradores do bairro. Os aparelhos de rádio que sobraram da guerra foram, então, vendidos.

Figura 1.6 Evolução da radiodifusão

1896-1906
* Transmissões feitas de navios para estações em terra.
* O rádio adquiriu fins comerciais.

1902
* Em virtude das inovações empreendidas por Marconi, que desenvolveu a sintonia, as rádios começaram a operar em modulação por amplitude (AM) e por frequência (FM).

1912
* Uma estação de rádio captou os sinais de SOS do navio Titanic. O envio dessa notícia à Casa Branca gerou grande publicidade e valorização para a mídia radiofônica.

1915
* Durante a Primeira Guerra Mundial, utilizou-se o rádio para troca de informações entre militares.

1916
* Inaugurou-se a primeira estação de radiodifusão na cidade de Nova York, que, além de músicas, partidas de futebol e conferências, transmitia programas radiojornalísticos e realizou, pela primeira vez, a cobertura das eleições americanas.

1920
* Na França, surgiram os primeiros rádios a pilha.

1927
* A Conferência de Washington regularizou a comunicação naval e aeronáutica, bem como definiu três tipos de bandas padrão (ondas curtas, médias e longas), atribuindo as ondas curtas à comunicação de navios e aeronaves.

No Brasil, o pioneiro da radiodifusão é Edgard Roquette-Pinto (1884-1954), que, em colaboração com Henry Morize (1860-1930), fundou em 1923 a primeira estação de rádio nacional: a Rádio Sociedade do Rio de Janeiro (atualmente Rádio MEC). A primeira transmissão oficial do país foi a do discurso do presidente Epitácio Pessoa (1865-1942) e da ópera *O guarani* em comemoração ao centenário da Independência do Brasil, no dia 7 de setembro de 1922. A referida emissora se mantinha com a contribuição dos ouvintes-sócios, que pagavam mensalidades. Com uma programação voltada para a elite, o que se ouvia eram recitais de poesia, ópera, concertos e palestras sobre cultura.

De modo geral, os principais fatos da história mundial do rádio, que vivenciou sua "era de ouro" nas duas primeiras décadas do século XX, podem ser sintetizados conforme exposto na linha do tempo da Figura 1.6.

Para saber mais

PROGRAMA Casé: o que a gente não inventa, não existe. Direção: Estevão Ciavatta. Brasil, 2010. 80 min.

O documentário narra as trajetórias do rádio e da televisão no Brasil e trata de um dos principais comunicadores do rádio nacional, Adhemar Casé. Esclarece, ainda, como um ex-vendedor de rádios criou o primeiro programa comercial de rádio brasileiro, e como inventou o *jingle* (um dos formatos de publicidade mais utilizados nesse tipo de veículo comunicacional).

Aos poucos, o rádio aliou-se à publicidade e propaganda, tendo muitos ou quase todos os seus programas patrocinados por marcas famosas ou empresas. Para Straubhaar e LaRose (2004), a mídia radiofônica foi sendo financiada por uma nova ética de consumo. Quando a indústria percebeu a necessidade de fazer propaganda para vender seus produtos, as estratégias de *marketing* adentraram todas as corporações. Assim, a propaganda cresceu na mesma proporção da indústria, fazendo o dinheiro chegar àquelas mídias. Ainda de acordo com os autores, na década de 1930, mais de um terço da renda dos jornais e revistas provinha de anúncios; logo, com o rádio não seria diferente.

No Brasil, em 1932, por meio do Decreto n. 21.111, de 1º de março de 1932 (Brasil, 1932), o governo de Getúlio Vargas regulamentou e liberou a propaganda comercial no rádio. Isso ilustra como o país, tal qual os Estados Unidos, utilizou a radiodifusão para fins comerciais, ao passo que a Europa visou a fins educativos.

A chamada *era de ouro* do rádio brasileiro se estendeu de 1930 a 1950, quando esse veículo popularizou-se e tornou-se um meio de entretenimento. Podemos destacar dois momentos importantes de sua história, um ligado ao entretenimento e o outro de cunho informativo:

1) **Radionovela**: Desenvolveu-se a partir da década de 1930 nos Estados Unidos. No Brasil, a primeira radionovela foi apresentada em 1941 e chamava-se *Em Busca da Felicidade*.
2) **Repórter Esso**: Iniciado com os estadunidenses em 1935, *O Repórter Esso* se difundiu por 15 países, tornando-se referência de informação. No Brasil, foi transmitido pela primeira vez em 28 de agosto de 1941 pela Rádio Nacional, no Rio de Janeiro.

Até aqui, comentamos alguns adventos e particularidades dos principais meios de comunicação social (jornal, revista e rádio). Isso constituiu a base necessária para tratarmos, na sequência, da televisão, que apresentou características até então não vistas nessas outras mídias.

Importante!

Como afirmamos, cada meio de comunicação tem características específicas, quais sejam:

- **Jornal**: periodicidade, atualidade e variedade.
- **Revista**: periodicidade, especialidade e formato.
- **Rádio**: oralidade, penetrabilidade e imediatismo.
- **Televisão**: informação visual, instantaneidade, envolvimento, audiência, integração de povos e comunidades (como uma aldeia global) por meio de transmissões ao vivo e criação de modismos.

Enquanto o rádio delineava sua trajetória em diferentes lugares do mundo, pesquisadores e cientistas buscavam uma maneira de transmitir não apenas o som, mas também a imagem. Diferentemente do cinema, aspiravam produzir um aparelho para ser instalado e usado no interior das casas, o que culminou na projeção da televisão (Figura 1.7) no século XX. Esse é o veículo da cultura de massa por excelência, em razão de atingir com grande potência um público numeroso e por determinar comportamentos.

Figura 1.7 Modelo de aparelho de televisão

Preste atenção!

Cunhada pelo francês Konstantin Persky (1854-1906), a palavra *televisão* deriva da grega *tele* ("longe") e do verbo latino *videre* ("ver") e faz referência à conversão de ondas magnéticas em imagem e som, a grande inovação oferecida pelo aparelho homônimo.

A exemplo das demais invenções citadas anteriormente, a criação da televisão não pode ser atribuída a uma única pessoa, pois, em diferentes lugares do mundo, equipamentos foram produzidos mediante muitas vivências de erros e acertos. De acordo com Sampaio (1984), o aparelho de televisão foi patenteado na Alemanha, em 1884, por Paul Nipkow (1860-1940) e transmitia imagens em movimento por meio de um fio condutor. Com o passar dos anos, o aparelho foi aperfeiçoado, sendo capaz de fazer transmissões regulares na Europa e nos Estados Unidos. Outros, todavia, atribuem tal criação a John Baird (1888-1946), uma vez que ele, em 1920, conduziu as primeiras transmissões televisivas em Londres.

Foi em 1941 que os Estados Unidos padronizaram as TVs em preto e branco. E o Comitê Nacional de Sistemas de Televisão (National Television System Commitee – NTSC) adotou o padrão de 525 linhas e 30 quadros por segundo. Apenas em 1953 tiveram início as transmissões coloridas, quando a rede americana National Broadcasting Company (NBC) realizou as primeiras transmissões públicas em cores utilizando um sistema compatível com os aparelhos em preto e branco.

Durante seus primeiros anos, a televisão era um produto caro e da elite, e não alcançou muita popularidade. A estrela desse momento ainda era o rádio, o que só mudou após a Segunda Guerra Mundial, mais especificamente a partir da década de 1950, quando o aparelho foi aprimorado, barateado e popularizado, equiparando sua audiência à do cinema e à do rádio.

Ao saber da implantação da televisão nos Estados Unidos e na Europa, Francisco de Assis Chateaubriand (1892-1968), o proprietário dos Diários e Associados, um dos maiores conglomerados de comunicação da América Latina, empreendeu esforços para fazer o mesmo em solo brasileiro.

Oficialmente, o nascimento da televisão brasileira aconteceu em 18 de setembro de 1950, com a inauguração da TV

Tupi, em São Paulo. Isso tornou o Brasil o primeiro país da América Latina a dispor de uma televisão de caráter regular. Mas, meses antes, em 3 de abril de 1950, já havia ocorrido a pré-estreia da televisão, com a apresentação do padre e cantor mexicano José Mojica (1896-1974). Em razão da falta de televisores no país, as imagens do programa não passaram do saguão da sede dos Diários e Associados em São Paulo.

Em setembro, Assis Chateaubriand já tinha importado, de forma duvidosa, alguns aparelhos de TV e os colocado em pontos estratégicos de São Paulo, para que transeuntes pudessem assistir ao nascimento oficial dessa mídia.
A história da televisão no país constitui-se, portanto, de dificuldades e muitos improvisos.

Em 1951, chegou a vez de o Rio de Janeiro ter a TV Tupi. Em seguida, foram criadas a TV Record (1953), a Rede Globo (1965) e a Bandeirantes (1967). Com isso, a partir da década de 1960, a televisão se converteu em importante mecanismo publicitário, expandindo-se pelo país.

Muitos dos programas de rádio foram adaptados para exibição na televisão, que se tornou sua maior e mais atrativa concorrente, já que transmitia som e imagem ao mesmo tempo. Paulatinamente, diversos artistas e funcionários das rádios migraram para a televisão, assim como as verbas publicitárias desse nicho. Apesar de tudo, a mídia radiofônica soube se adequar, e as emissoras de rádio abandonaram as produções artísticas de grandes orçamentos e aderiram ao formato de música e informação, algo que perdura até hoje.

Em dezembro de 2007, o sinal digital começou a ser emitido no país. O governo brasileiro optou por uma versão modificada do Integrated Services Digital

Broadcasting-Terrestrial (ISDB-T), um padrão japonês, criando o ISDB-TB, sistema de TV digital único no mundo.

Sobre o veículo televisão, cabe enfatizar que as imagens por ele transmitidas são construídas com apoio da imaginação do público. Por meio dele, "percebe-se não o lugar onde se está, mas um espaço longínquo, alhures, que pela imaginação torna-se próximo, em certa medida realizável" (Ribeiro; Sacramento; Roxo, 2010, p. 23).

1.6
Criação do computador e surgimento da internet

Após a emergência das mídias eletrônicas, um novo equipamento despontou e suscitou transformações não só nas mídias tradicionais, mas também em toda a sociedade: o computador. Essa máquina foi desenvolvida durante o século XX, com a evolução da eletrônica, para auxiliar em processos repetitivos e cálculos.

Enquanto o rádio começava a ganhar o mundo, em 1937, o matemático inglês Alan Turing (1912-1954) produziu uma máquina capaz de solucionar problemas matemáticos; e aos poucos o computador adquiriu forma. No início, ele foi empregado para fins militares, principalmente para decifrar códigos e realizar cálculos de artilharia. Nessa época, o serviço secreto britânico (Secret Intelligence Service – SIS) desenvolveu o primeiro computador, o *Colossus*, que servia para decodificar mensagens dos nazistas.

De acordo com Breton (1987, p. 124), "os computadores eram em sua maioria não comerciais" e foram utilizados pelo governo americano. Além dos fins militares, eram usados com propósitos científicos, em censos e em cálculos financeiros, administrativos e estatísticos. Os primeiros computadores (Figura 1.8), os chamados *mainframes,* eram enormes, chegando a ocupar uma sala inteira, algo que só se alterou em 1940, quando foi inventado o transistor.

Figura 1.8 Modelo dos primeiros computadores

Após a Segunda Guerra Mundial, o mundo viveu, até o início da década de 1990, a chamada *Guerra Fria,* tensão geopolítica travada entre os Estados Unidos e a União Soviética. E foi nesse cenário que surgiu a internet.

Em 1969, os estadunidenses criaram a Arpanet, que mais tarde passaria a se chamar *internet*. Desenvolvida pela Agência de Pesquisa e Projetos Avançados (Advanced Research Projects Agency – Arpa) com base em projetos de agências do Departamento de Defesa Americano, destinava-se a manter as telecomunicações caso o país fosse atacado pela União Soviética. O objetivo central do projeto era interligar centros militares por meio de computadores; caso um deles fosse destruído, isso não impediria o funcionamento dos demais. Desse modo, nasceu o Projeto Sage. Em uma dezena de prédios distribuídos pelos Estados Unidos fazia-se o patrulhamento de uma parte do país, reunindo, em equipamentos de informática, todas as informações sobre aviões que estivessem sobrevoando, o que permitia saber como estava todo o espaço aéreo americano.

No decorrer dos anos, as redes também possibilitaram a conexão entre pesquisadores envolvidos em investigações bélicas nos centros acadêmicos americanos. Em 1970, esses estudiosos interligaram a comunidade acadêmica em geral com universidades estrangeiras.

De acordo com Sevcenko (2001), 1975 foi um marco na história das novas tecnologias, pois nesse ano ocorreu o lançamento do primeiro microcomputador pessoal. Tal feito só foi possível graças à criação do microchip em 1971, que foi aplicado não apenas em computadores, mas também nas telecomunicações, dando início à convergência e à chamada *era da comunicação*.

Nos anos 1980, ampliou-se enormemente o número de computadores conectados e instalados em laboratórios e centros de pesquisa. Em 1988, no Brasil, alguns embriões independentes de redes conectaram algumas universidades do país com instituições de ensino superior dos Estados Unidos.

Ainda em solo brasileiro, o acesso à internet foi possibilitado e ampliado a partir de setembro de 1990, quando a Rede Nacional de Pesquisas (RNP), desenvolvida por um grupo do

Ministério da Ciência e Tecnologia (MCT), congregou as principais instituições acadêmicas brasileiras, tendo a Empresa Brasileira de Comunicações (Embratel) como provedor de acesso. Foi nesse ano que Argentina, Bélgica, Chile, Grécia, Índia, entre outros países, integraram a rede mundial de computadores, agora definitivamente denominada *internet*, e o projeto Arpanet foi formalmente encerrado.

A internet extrapolou os âmbitos militar e acadêmico e se popularizou, ao se tornar comercial graças à criação da World Wide Web por Tim Berners-Lee (1955-). A rede

> passou a contar, ainda em 1990, com o World (http://www.world.std.com), primeiro provedor de acesso comercial do mundo, permitindo que usuários comuns alcancem a grande rede via telefone. [...] As taxas de crescimento experimentadas pela Internet tornaram-se então de fato vertiginosas. (Pinho, 2003, p. 31)

Por meio da *web*, milhares de redes internas interligaram-se, configurando um tráfego mundial de informações trocadas via computadores, o que impulsionou a liberdade de expressão ; algo semelhante ao que promoveu a invenção da prensa, no século XV. Desse feito, em 1993, mais de 90 mil usuários já navegavam pela internet. Três anos mais tarde, no Brasil, quando o monopólio da Embratel findou, várias empresas provedoras de acesso instalaram-se no país, e o número de internautas chegou a 300 mil (Costella, 2002), fatia que integrou os 56 milhões de usuários da internet em todo o mundo na época.

De acordo com o Instituto Brasileiro de Geografia e Estatística (IBGE), em 2017 existiam 126,3 milhões de usuários da internet no país (Agência IBGE, 2018). A União Internacional de Telecomunicações (UIT), por sua vez, aponta que em 2019 existiam cerca de 3,9 bilhões de internautas no planeta, o que correspondia a 51% da população mundial (Pezzotti, 2019). E os números continuam aumentando, uma vez que a internet permitiu, pela primeira vez na história da humanidade, a comunicação de muitos para muitos, em momentos específicos e em escala global.

Como aponta Castells (1999, p. 189), "a internet não surge somente como uma nova tecnologia da informação, mas também como uma nova forma de organização da economia e da sociedade como um todo". No âmbito da comunicação, duas mudanças significativas foram a **liberação do polo emissor** e a **convergência das mídias**.

Como assinalamos no início do capítulo, em contextos anteriores, as mensagens eram emitidas somente por quem as produzia, ou seja, produtores de TV, jornal, rádio etc. Com a internet, todos puderam assumir o papel de emissor, produzindo informação e compartilhando-a em *blogs*, redes sociais, YouTube etc.

No tocante à convergência, ela se efetiva de duas maneiras: técnica e comportamental (consumidor). A primeira diz respeito à presença dos meios comunicacionais em aparelhos multitarefas ou reinventados para o meio digital; já a segunda concerne ao novo modo de consumo na sociedade, pois agora o consumidor também compartilha, edita, comenta e personaliza arquivos e informações. Esse novo contexto é, portanto, marcado por acentuadas interatividade, hipertextualidade e multimidialidade. Em síntese, reconfigurou-se o circuito midiático – tópico de que trataremos nos próximos capítulos.

Por fim, reiteramos que o surgimento de uma nova mídia não anula a existência de outra, como muitas vezes se acreditou. Pelo contrário, frequentemente mídias emergentes contribuem para que as já existentes passem por processos de mudanças, recaracterizando-se, e é isso que vem acontecendo com as chamadas *mídias tradicionais*. Do jornal impresso à televisão, todos os meios tiveram de experimentar as plataformas digitais e perceber que integrar esse espaço não implica uma simples migração, mas a elaboração de novas linguagens, estilos e comportamentos para se adequar às particularidades do novo meio e à velocidade característica do ciberespaço. Nessa nova sociedade em rede, a velocidade é um alicerce do desejo e do mercado.

Síntese

- A tecnologia e seu desenvolvimento contribuíram para o surgimento dos veículos de comunicação social, que oferecem informação, entretenimento etc.
- Para que a comunicação aconteça, é necessária a existência do emissor, da mensagem e do receptor.
- Cada meio de comunicação tem características próprias conforme o nível de desenvolvimento tecnológico do contexto em que foi inventado.
- A prensa de tipos móveis, criada no século XV por Gutenberg, foi, durante muitos séculos, a maior invenção tecnológica do meio de comunicação impresso.
- No Brasil, o desenvolvimento tecnológico foi impulsionado com a vinda da família real ao país, que autorizou a instalação das primeiras tipografias.
- O desenvolvimento tecnológico do final do século XIX e início do século XX fez surgir a mídia eletrônica.
- As mídias tradicionais tiveram de se adequar à revolução digital causada pelo computador e pela internet.

Questões para revisão

1) A linguagem abrange todos os tipos de signos – sinais, gestos, sons, fala, textos escritos, cores, ou seja, tudo o que possa estabelecer a interação entre os seres humanos. Nessa direção, a linguagem pode ser conceituada como um sistema organizado de sinais utilizados para efetivar atos comunicacionais entre indivíduos de uma sociedade.

   Sobre esse sistema, é correto afirmar que:

   a) a linguagem pode ser compreendida como qualquer tipo de comunicação humana.
   b) a linguagem é formada apenas por palavras faladas, e sem elas inexistiria.
   c) a linguagem é constituída por todos os sinais convencionados que permitem estabelecer a comunicação.
   d) os signos que compõem a linguagem são as cores, os sons e os gestos; logo, ela inexiste fora deles.

2) Para o historiador francês Roger Chartier, a criação da prensa de tipos móveis por Johannes Gutenberg foi tão importante para a humanidade quanto a invenção do computador e da internet, pois possibilitou aos homens a promessa do conhecimento universal, visto que, por meio dela, livros seriam impressos e acessíveis a todos. Assim, podemos afirmar que um dos grandes efeitos dessa invenção foi:

   a) a disseminação da leitura, porque agora não só o clero e a nobreza podiam adquirir livros.
   b) a perda de interesse por temas religiosos em virtude da publicação de obras sobre assuntos diversos.

c) o aumento do número de copistas, pois muitas pessoas não confiavam no texto impresso.

d) a possibilidade de o leitor fazer leituras silenciosas em qualquer lugar em que se sentisse confortável ou entediado.

3) A comunicação só ocorre quando duas ou mais pessoas interagem por meio de uma mensagem (falada ou escrita) veiculada por canais como rádio, televisão e computador. Assinale a alternativa que apresenta o elemento que possibilita essa transmissão da mensagem:

a) Emissor – um dos principais protagonistas da teoria da informação, pois é quem emite uma ou várias mensagens para o destinatário.

b) Receptor – aquele que recebe a mensagem e não precisa decodificá-la, visto que sempre é compreendida de algum modo.

c) Ruído – perturbações que prejudicam o entendimento da mensagem, podendo afetar até mesmo a execução de atividades importantes.

d) Canal – o meio utilizado para transportar a mensagem, a qual, para ser entendida, precisa ser decodificada pelo receptor.

4) Em *O que é comunicação*, Juan Bordenave (2006) apresenta várias situações do cotidiano atravessadas pela comunicação, como um jogo decisivo num gigantesco estádio, o primeiro dia de sessões da Câmara dos Deputados, a feira livre do bairro e a hora da novela no lar dos Azevedo. Sobre todos esses eventos, assinale a alternativa correta:

a) Suscitam a produção de dúzias de mensagens, que, durante vários dias, continuam sendo objeto de

comunicação. Logo, indicam que a comunicação é algo que está separado da vida em sociedade.
b) Neles, tudo foi construído e organizado para criar um ambiente adequado à comunicação. Não há ruídos, e as mensagens enviadas são bem compreendidas pelos emissores.
c) A comunicação inexiste por si mesma, como algo separado da vida em sociedade. Por isso, é impossível ocorrer o desenvolvimento de diversos âmbitos sem que haja comunicação.
d) Microambientes semelhantes aos citados formam o macroambiente da comunicação, que funciona como uma grande máquina. Sem a existência de um deles, o processo de comunicação seria comprometido.

5) A corte portuguesa chegou ao Brasil em 1808, ano em que surgiram os dois primeiros jornais no país. Um deles, fundado por Hipólito José da Costa, era produzido e impresso na Inglaterra; o outro, impresso no Brasil, era o jornal oficial da corte. Eles são, respectivamente:
a) *Correio Braziliense* e *Jornal do Commercio*.
b) *Correio Braziliense* (também chamado de *Armazém Literário*) e *Gazeta do Rio de Janeiro*.
c) *Jornal do Brasil* e *Gazeta do Rio de Janeiro*.
d) *Gazeta do Rio de Janeiro* e *O Globo* – lançado meses depois.

6) Os veículos de comunicação de massa marcaram a história do jornalismo no Brasil, que teve início no começo do século XIX. O advento dessas mídias acarretou importantes mudanças na organização da sociedade brasileira. Assinale a alternativa que informa corretamente quais são esses veículos e suas respectivas datas de inauguração:

a) Em 1808, começou a circular o primeiro jornal em língua portuguesa no país, o *Correio Braziliense*. Em 1922, Roquette-Pinto inaugurou a primeira emissora de rádio no Brasil; e Assis Chateaubriand, em 1950, conduziu a estreia da TV Tupi, a primeira emissora de televisão brasileira.
b) No Brasil, o princípio da trajetória dos veículos de comunicação foi o ano de 1795, quando Hipólito da Costa lançou o primeiro jornal brasileiro. Quanto à primeira emissora de rádio, ela resultou do esforço de Henry Morize e data do início do século XX. E a primeira emissora de televisão foi a TV Tupi, de 1951.
c) O primeiro jornal a circular no Brasil foi *O Globo*; a primeira emissora de TV foi implantada por Roberto Marinho em 1961; e a primeira estação de rádio surgiu em São Paulo.
d) Não existem mais registros oficiais que atestem a história da imprensa brasileira, pois se encontravam no Museu Nacional, que foi destruído por um incêndio em 2018.

7) Ao realizar uma pesquisa no setor de microfilmagem de uma biblioteca, um grupo de estudantes se deparou com importantes acontecimentos da história do rádio no Brasil. Em determinada publicação, destacava-se o papel de Edgar Roquette-Pinto, que acreditava no potencial do suporte radiofônico para divulgação de notícias de natureza científica, cultural e educativa. Como se sabe, ele fundou, com o apoio da Academia Brasileira de Ciências, a Rádio Sociedade do Rio de Janeiro. A fim de

complementar sua pesquisa, os estudantes poderiam citar um evento que antecedeu a fundação dessa rádio, qual seja:
a) A formação do conglomerado de comunicação de Assis Chateaubriand, com destaque para a Rádio Tupi, emissora em funcionamento até hoje.
b) A assinatura de um decreto-lei, pelo presidente Getúlio Vargas, que permitiu a publicidade no rádio e, por conseguinte, a configuração de uma nova plataforma para anunciantes.
c) O início das transmissões do *Repórter Esso*, tanto na versão de síntese noticiosa como na extraordinária. Como as radionovelas, o *Repórter Esso* foi um marco na história do rádio brasileiro.
d) A primeira transmissão radiofônica oficial em virtude da comemoração do centenário da Independência do Brasil, na qual foram transmitidos um pronunciamento do presidente do país e uma ópera.

8) O novo cenário da comunicação caracteriza-se pela cultura da convergência. As transposições midiáticas, por meio da cultura participativa e da inteligência coletiva, relacionam a exploração complementar de diversas mídias e o envolvimento com o consumidor. Contudo, é correto afirmar que, no início, os meios de comunicação:
a) emergiam à proporção que as tecnologias se desenvolviam e só adquiriam características próprias após determinado período de inserção na cultura.
b) não dispunham das tecnologias necessárias para emergir e aprimorar-se. Por isso, surgiram somente após a Segunda Guerra Mundial.

c) apareceram conforme a sociedade progrediu e com formatos e características bem delineados. A internet, por exemplo, tornou-se, mais tarde, a plataforma das plataformas.

d) surgiram em períodos diferentes, na seguinte ordem: mídia impressa, televisão, rádio e internet. Com o desenvolvimento tecnológico, essas mídias acabaram convergindo.

9) A internet modificou o modelo comunicativo da sociedade contemporânea. Na era da comunicação em massa, a notícia era transmitida de um ponto a milhões de espectadores. Em tempos de comunicação digital, tal modelo assume outro formato, caracterizado por:

a) comunicação em rede, porém com a manutenção do controle midiático pelas grandes corporações, a depender da concessão estatal.

b) compartilhamento de arquivos, interatividade, uso de *hyperlinks*, multimidialidade, instantaneidade e livre uso de conteúdo, sem regulamentação de direitos autorais.

c) comunicação de todos para todos, compartilhamento de arquivos e informações, interatividade, hipertexto, multimidialidade, personalização, atualização constante e memória.

d) comunicação em rede baseada principalmente na troca de mensagens escritas e ainda sob o controle dos mesmos oligopólios que comandavam os meios de comunicação de massa.

2
Influência de características pessoais, situacionais e tecnológicas nos processos de comunicação

Conteúdos do capítulo

- Fluxos e tipos de comunicação.
- Barreiras da comunicação.
- Estratégias para uma comunicação eficaz.
- Modos de se aproximar do consumidor de notícias em diferentes mídias.

Após o estudo deste capítulo, você será capaz de:

1. identificar os obstáculos para uma boa comunicação;
2. empregar elementos textuais para conquistar o leitor;
3. relatar como a tecnologia suscitou mudanças no modo de fazer rádio, afetando sua interação com os ouvintes, e de fazer jornalismo, agora mais informal;
4. explicitar como a convergência das mídias determina as interações entre produtores e receptores de conteúdo midiático.

Na contemporaneidade, uma boa comunicação é um dos principais requisitos para qualquer profissional estar e se manter no mercado de trabalho. Saber se comunicar com clareza, produzir e administrar as informações é uma habilidade bastante valorizada, principalmente na sociedade em rede, na qual todos podem tornar-se comunicadores. Nesse sentido, é preciso conhecer e utilizar técnicas que contribuam para que a informação seja passada e recebida objetivamente pelo público consumidor da notícia, assim como que o façam sentir-se próximo do repórter ou dos jornalistas.

Durante muito tempo, o jornalismo adotou uma linguagem formal, reportando as notícias com o máximo de objetividade. Atualmente, é notório que o jornalismo, especialmente o interpretativo, tem recorrido a uma linguagem mais informal, que transmite mais naturalidade. O propósito é criar uma maior aproximação com o público. Neste capítulo, examinaremos em detalhes o processo que culminou nessas adaptações.

2.1
A arte de comunicar

Antes, entendia-se como comunicação apenas o que era escrito pelo ser humano (logo, a escrita era a principal forma de comunicação), pelo menos nas sociedades ocidentais. Entretanto, com o avanço tecnológico e a consequente aparição de vários veículos de comunicação, como explicamos no capítulo anterior, passou-se a valorizar outras modalidades de comunicação, como a corporal, a oral e a digital.

Como afirmamos, a comunicação é algo inerente à sociedade, ao cotidiano das pessoas, inexistindo organização sem comunicação. Por exemplo, quando um indivíduo acorda, ainda na cama, já está exposto a algum tipo de comunicação, seja o despertador informando que está na hora de se levantar, seja o som das mensagens que chegam em seu celular, seja o "bom dia" que essa pessoa dá a quem mora com ela. Em síntese, a comunicação está presente em todos os momentos.

Todos as experiências humanas são, portanto, atravessadas pela comunicação, e a linguagem (oralidade, escrita, mímica etc.) é o recurso que instaura essa ponte. No âmbito jornalismo, que registra os acontecimentos, não é diferente.

A comunicação é, em outras palavras, o ato que cria uma conexão entre, no mínimo, duas pessoas, entidades ou organizações, envolvendo um intercâmbio de informações e a compreensão da mensagem pelo receptor. De acordo com França, Martino e Hohlfeldt (2001, p. 41), é o "processo social básico de produção e partilhamento do sentido através da materialização das formas simbólicas". Trata-se de um aspecto comum a todos os seres vivos, mas a comunicação humana se distingue das demais por ser socialmente estabelecida, e não programada organicamente (embora viabilizada pela fisiologia humana).

Como apontado por Benjamin (2012, p. 183),

> no interior de grandes períodos históricos, a forma de percepção das coletividades humanas se transforma ao mesmo tempo que seu modo de existência. O modo pelo qual se organiza a percepção humana, o meio em que ela se dá, não é apenas condicionado naturalmente, mas também historicamente.

Na condição de organização coletiva, a sociedade necessita da comunicação, uma vez que esta permite a inserção do indivíduo naquela. Nesse sentido, a comunicação vai adequando-se ao meio em que é utilizada. A maneira como alguém se comunica em casa difere-se de como interage no trabalho, por exemplo. O mesmo vale para a interação nos veículos de comunicação. Uma vez que o rádio, a TV e a internet lidam com a instantaneidade, o jornalista tem de construir um texto que seja imediatamente entendido pelo receptor, um discurso coloquial com tom semelhante ao usado para narrar um episódio a alguém.

O que é

Texto coloquial é aquele cujo estilo caracteriza-se pelo vocabulário e pela sintaxe bem próximos da linguagem cotidiana menos formal.

Independentemente do meio midiático, há um esforço constante para que a comunicação seja a mais eficaz possível, de modo que o leitor, o ouvinte ou o telespectador, ao receber a notícia, identifique-se com a pauta, sinta empatia pelo enunciador. Entretanto, de acordo com Chiavenato (2004), sempre existirão elementos que obstam esse processo, tais como:

- **Pessoais**: Interferências decorrentes de limitações, emoções e valores do indivíduo. As mais comuns são a dificuldade de ouvir, as perspectivas de mundo e os sentimentos.

- **Físicas**: Interferências provenientes do ambiente em que se dá o processo de comunicação, como barulhos de celular ou porta, alguém falando concomitantemente à transmissão da mensagem etc.
- **Semânticas**: Interferências suscitadas pelos símbolos utilizados durante a comunicação, como gestos, sinais ou palavras polissêmicos.

Outros autores complementam o exposto apontando como barreiras comunicativas o estado mental dos envolvidos. Ademais, o uso de estrangeirismo, de palavras desconhecidas ou pouco recorrentes no cotidiano do receptor, de siglas não usuais e de abreviaturas pode tornar o texto difícil ou incompreensível. Como aconselha o *Manual de redação* da Folha de S.Paulo (2018), o estrangeirismo deve ser empregado com bastante parcimônia, pois, além de parecer pedante, pode constituir um clichê; o mais adequado é, sempre que conveniente, recorrer ao correspondente em português. Quando pouco conhecidos, os termos estrangeiros devem ser acompanhados de uma breve explicação. No tocante às siglas, deve-se evitá-las quando não forem conhecidas ou de fácil entendimento. Ainda, é recomendável escrever seu sentido na primeira ocorrência no texto e grafá-las sem pontos.

Cabe ao emissor saber nivelar o vocabulário e lembrar que o público que receberá seu texto é composto de pessoas com diferentes conhecimentos e níveis de estudo. Daí a importância de o texto ser compreensível e conter palavras que não gerem dúvidas ou ambiguidades.

Outro fator pertinente concerne ao fato de a comunicação não se restringir às palavras. Sentimentos são transmitidos pelo tom de voz, por expressões faciais e por gestos, e refletem o estado mental dos envolvidos; por isso, deve-se buscar veicular informações de modo natural. Isso porque o receptor, geralmente, interpreta a informação de acordo com suas necessidades, motivações e experiências.

Com o nascimento de novos meios de comunicação, novas linguagens incorporam-se ao jornalismo, que as adéqua ao meio empregado, ou seja, impresso, radiofônico, televisivo etc. McLuhan, na década de 1960, já reiterava que "o meio é a mensagem". Para o filósofo canadense, o meio não é apenas um veículo pelo qual se transmite a mensagem, pois também envolve questões culturais.

Alves (1968, p. 12-13, citado por Faro, 2005, p. 64), reitera que o meio é a mensagem,

> é válida para todo o sistema tecnológico e [...] significa que o fim do sistema tecnológico não é algo além dele mesmo, algo que ele possa produzir, mas as próprias estruturas – comumente chamadas meios. Assim, o fim dos 'meios' de produção não é o produto que se encontra no fim da linha de montagem, mas antes o próprio funcionamento dos meios. Da mesma forma como o fim dos meios de comunicação não é a mensagem que eles transmitem de forma clara, mas o funcionamento daquela estrutura toda de comunicação que unifica público e meios. Assim, os fins são o funcionamento. Cria-se, desta forma, um sistema global que funciona de acordo com uma lógica de eficácia, ou seja, uma lógica de excelência funcional, na qual produção, consumo e o homem se articulam num todo que os unifica.

O meio não é somente mensagem porque também é conteúdo, é uma extensão do homem. O controle remoto é uma extensão de dedos e braços, o *smartphone* amplia a memória, o que configura uma verdadeira simbiose entre humanos e meios. Apesar disso, cada meio caracteriza-se por uma linguagem específica, tópico que examinaremos em profundidade na sequência. Antes, porém, é válido destacar que, até o momento, os manuais de redação e estilo para jornalismo existentes no mercado brasileiro ainda não abordaram como as linguagens desse âmbito vêm mudando desde o surgimento da internet e das redes sociais.

O que se percebe é que o texto da imprensa, ao longo do tempo, foi tornando-se mais leve, menos formal e livre de termos pouco usuais. Fiorin (2008), concentrando-se nas décadas de 1940 e 1950, compara os textos veiculados na imprensa outrora e hoje em dia.

> Observe-se a maneira como falam os locutores esportivos hoje e como falavam os mais antigos. Álvaro da Costa e Silva conta, na revista *Bundas* de 08/08/2000, que um locutor assim narrou a entrada do médico palmeirense em campo, a fim de atender Ademir da Guia: Adentra o tapete verde o facultativo esmeraldino a fim de pensar a contusão do filho do Divino Mestre, mola propulsora do eleven periquito. (Fiorin, 2008, p. 8)

Contudo, é primordial compreender que, apesar de empregar uma linguagem menos formal, jornalismo não é entretenimento, visto que opera para formar a opinião pública, e não para divertir.

2.2
Construção do texto jornalístico e marcas do jornalista

Independentemente do veículo de comunicação, os textos jornalísticos podem ser informativos ou interpretativos.

Os **textos informativos** compreendem notícias e notas publicadas diariamente em jornais, *sites*, rádio etc. Como o nome indica, esses textos têm a função de informar ao público determinado fato (sem opiniões ou interpretações a respeito), são iniciados pelo **lide** (aportuguesamento da palavra inglesa *lead*) e marcados por uma linguagem formal e direta.

O que é

Lide pode ser definido como a abertura de um texto jornalístico. É uma rápida introdução sobre o assunto da matéria. Em sua forma clássica, responde, não necessariamente nesta ordem, às seguintes questões: O quê? Quem? Quando? Onde? Como? Por quê? Esse elemento, quando bem construído, desperta o interesse do leitor em continuar acompanhando a matéria.

Os textos noticiosos geralmente são escritos nos moldes da **pirâmide invertida** – técnica em que as informações mais importantes são apresentadas no início do texto e as menos relevantes no final. Esse formato é muito recorrente na mídia impressa e em muitos *sites* de notícias. Com frequência, argumenta-se que tal pirâmide é conveniente caso o leitor tenha de interromper a leitura.

Já nos **textos interpretativos**, além de se apresentar a informação (compilando dados, depoimentos etc.), interpretam-se os fatos, o que ajuda o leitor a empreender uma leitura crítica. Podemos citar como exemplo as reportagens publicadas em revistas ou em cadernos especiais de jornais; isso não implica, porém, que outros meios de comunicação não possam publicar textos desse caráter

As reportagens, além de mais longas que as notícias, apresentam opiniões distintas sobre o acontecimento, análise de especialistas, entre outras informações relevantes para o leitor. Segundo Marques de Melo (2003), esse tipo de texto também pode se apresentar como dossiê, enquete, perfil ou cronologia. No jornalismo, o texto interpretativo é mais especializado e, nele, o jornalista pode quebrar as normas da pirâmide invertida, apresentando-se mais explicitamente ou narrando-o em primeira pessoa.

O texto jornalístico de caráter interpretativo surgiu durante a Primeira Guerra Mundial, quando os americanos buscavam uma melhor explicação sobre o que estava acontecendo com a Europa e como aqueles acontecimentos poderiam influenciar a vida deles. Interpretar é dar detalhes, é esclarecer fatos oferecendo ao leitor elementos suficientes para que este tenha a própria opinião sobre determinado assunto.

No gênero opinativo, apresenta-se ao leitor a opinião do autor acerca do assunto narrado. Como exemplo, podemos citar o artigo, a crônica e o editorial (Marques de Melo, 2003).

Exemplo prático

Noticiar a explosão no porto de Beirute, no Líbano, é um exercício de texto informativo. Condenar as ações do presidente daquele país diante do caso é compor um texto opinativo. Analisar as causas e as consequências que contribuíram para o acidente, contextualizando os fatos, buscando antecedentes que geraram a explosão e destacando o impacto que ela causou na vida dos atingidos, é oferecer ao público um texto interpretativo.

A mídia impressa é constituída por palavras, fotografias, desenhos e gráficos. Nela, há certa distância entre quem escreve e quem lê. Ela lida com outro tempo, o tempo do fato ocorrido, da publicação e de quem lê; por isso, interpretar o mundo por meio de notícias e reportagens demanda a composição de narrativas diferentes. Cabe ao jornalista imaginar o leitor que vai ler aquele texto e produzir conteúdo para que ele se identifique e se sinta informado.

As revistas têm mais possibilidades de fazer o tão almejado jornalismo interpretativo, também chamado de *estilo magazine*. Nele, os jornalistas têm a oportunidade de produzir matérias que não respeitam o formato clássico da notícia, podendo flertar com o gênero literário, produzindo reportagem de modo menos mecânico, aproximando-se mais do leitor, expondo sentimentos e sensações. Como os textos são mais extensos que os dos jornais, o pensamento pode ser organizado segundo uma lógica e sequência próprias, para beneficiar o leitor diretamente. O texto precisa ter beleza, para que seduza o leitor e faça-o concluir a leitura.

O que é

O **estilo magazine** é aquele característico dos textos produzidos para revistas, as quais reúnem gêneros literários. A possibilidade de usar esse estilo contribui para que o jornalista, por meio de sua narrativa, aproxime-se do leitor.

Na história do jornalismo de revista no Brasil, destaca-se a publicação *Realidade* por conter em suas páginas o chamado *new journalism*, o qual congrega jornalismo e técnicas literárias. A revista *Realidade* circulou no país de 1966 a 1976.

Como já mencionado, o jornalismo passou a utilizar estratégias e elementos da literatura para discorrer sobre os acontecimentos do cotidiano, retratar o factual. Isso demanda do jornalista um aprimoramento das técnicas da escrita jornalística, testando novas habilidades e novos modos de compor seus textos. É importante lembrar que, mesmo se aproximando do ficcional, as histórias são factuais.

Depois de organizar as ideias sobre como narrará o acontecimento (essas ideias servirão como ganchos entre um parágrafo e outro), o redator tem de escolher a tonalidade e a angulação que adotará. A **tonalidade** diz respeito à linguagem, ao passo que a **angulação** é o sentido atribuído à matéria para que seja "neutra" ou não.

Por onde começar

Deve-se iniciar pela definição do foco, o fio condutor. Para identificá-lo, é aconselhável verificar o que se pretende expor com a matéria em construção e qual é a mensagem que se pretende transmitir. É recomendável expressar esses dois aspectos em uma ou duas frases diretas, breves e simples. O conteúdo dessas frases constituirá o fio condutor, um guia para as decisões que serão tomadas a cada passo no processo de edição do texto.

Por oferecer uma maior liberdade na escrita, o texto interpretativo possibilita o uso de neologismos e de gírias, desde que isso não seja feito em excesso. Em textos informativos, noticiosos, as gírias devem ser evitadas; no texto para revista, quando utilizadas e se pouco conhecidas, devem ser explicadas. De modo geral, quando uma revista utiliza uma gíria ou um neologismo em alguma matéria, isso serve para mostrar ao leitor que, além de estar atenta aos acontecimentos do cotidiano, ela também entende e "fala" a mesma língua dos leitores.

Lage (2003) explica que a linguagem jornalística utiliza neologismos, metáforas, denominações de objetos novos, termos técnicos ainda sem sinônimos etc., como "bolsonarismo" ou "lulismo". De acordo com o teórico, essas incorporações são enunciadas com uma entonação especial de leitura ou marcadas com destaque na escrita. Entretanto, essas mudanças são incorporadas de forma tão natural pelo público e pelos próprios jornalistas que, pouco tempo depois, prescindem de destaque.

Como exemplo do emprego de gíria e neologismo em texto jornalístico, citamos o seguinte trecho de uma matéria sobre as gírias que surgiram durante o período de quarentena vivenciado em 2020 ("Está em carentena? Como surgiram as gírias nascidas durante a pandemia Leia mais em: https://vejario. abril.com.br/cidade/girias-pandemia/") e que foi publicado na revista *Veja Rio*, no mês de julho do referido ano: "Para quem cultivou a alma fitness mesmo trancafiado em casa, nasceu o 'quarentreino' – só no Instagram há mais de 140 mil fotos publicadas com essa hashtag, indicando treinos realizados durante a pandemia" (Capobianco, 2020).

Na matéria "Twitter decreta fim das 'kibadas' entre perfis", publicada na revista *Época* em 2016 e noticiava que o Twitter passaria a excluir publicações copiadas de perfis originais sem a autorização dos autores, há a explicação do que significa a gíria *kibar*, pois é algo pouco conhecido. De acordo com a matéria,

> Os usuários do Twitter já estão familiarizados com o termo "kibar". Para quem não o conhece, o verbo se origina de uma crítica feita ao site de humor Kibe Loco. Em algum momento de

sua história, dizem os críticos, o site reproduzia fotos e piadas de outros autores sem dar um link para a publicação original. O "kibe", assim, além do tradicional prato árabe, virou um sinônimo para apropriar-se de conteúdo alheio sem mencionar a fonte original. (Ferrari, 2015)

Para encerrar essa questão de gírias e neologismos, acrescentamos um último exemplo, extraído da revista *Vogue Brasil*. A matéria "A idade pode definir se podemos ou não usar um biquíni?" foi publicada na edição impressa e virtual do mês de agosto de 2020. A jornalista inicia a matéria informando aos leitores: "Acabo de voltar de férias maravilhosas no mar. Fiz fotos em biquíni e apesar de estar em forma, dei uma 'photoshopada' aqui e ali, completamente ciente da hipocrisia do meu ato" (Blocker, 2020). A palavra *photoshopada* faz referência ao editor de imagem Photoshop, utilizado para tratar e manipular imagens. É válido notar que, ao fazer um relato pessoal, a jornalista já constrói uma proximidade com os leitores, como se falasse para amigos.

Ao escrever um texto para a mídia revista, deve-se ilustrar, lembrar, exemplificar, confrontar ideias. Devem-se empregar verbos de apoio quando confrontar ideias: *alfinetou*, *zombou*, *implorou*, *insultou* em vez de *afirmou*, *disse*.

Como apontamos anteriormente, a abertura de textos para revista não precisa seguir o lide, mas deve atrair o leitor. É nesse momento que o jornalista tem de lançar mão de estratégias para prender a atenção de quem está lendo o texto. O redator precisa ter atenção com os três pontos seguintes:

1) **Relevância**: Se um disco voador aterrissou na praça pública da cidade, basta dizer isso. Entretanto, se o assunto não for tão fantástico, faz-se necessário ter

informação, ideias, histórias, evitando-se, ainda, palavras vazias e frases soltas.

2) **Promessa**: A abertura faz uma promessa, geralmente implícita. É preciso identificá-la e confirmar se a matéria a cumpriu.

3) **Curiosidade**: É mais aguçada a curiosidade do leitor quando o texto omite dados do que quando revela tudo. O elemento que falta pode ser um motivo, uma identificação, uma explicação ou uma declaração. Numa abertura longa, pode-se construir o suspense no primeiro parágrafo, desvendá-lo parcialmente no segundo e apresentar a revelação no terceiro.

A abertura do texto pode ser feita trabalhando-se um ou mais sentidos do leitor (visão e audição), sua imaginação ou sua figura (como um diálogo informal entre jornalista e leitor/telespectador). Para Medina (2008, p. 79), deve haver a "humanização dos protagonistas da ação social, o contexto abrangente do acontecimento pontual, as raízes histórico-culturais da situação em foco e os diagnósticos e prognósticos dos especialistas que pesquisam o tema".

Exemplo prático

A matéria "As origens do castelo da Faber-Castell" publicada em agosto de 2020 na revista *Superinteressante*, é exemplo de texto que começa com uma espécie de conversa com o leitor. Observe: "Lembra daquele castelo das caixas de lápis de cor que você tentava copiar quando pequeno? Mesmo que você não fosse uma criança muito artística, com certeza já viu essa caixa nas papelarias" (Rossini, 2020).

Na abertura, introduz-se o tema, ilumina-se o ponto central do texto, estabelecem-se o clima e o tom da matéria, prende-se a atenção e estimula-se o leitor a querer mais. Fala-se com *um* leitor (singular), e não com *os* leitores (plural), para que sinta que a matéria foi feita exclusivamente para ele (pessoa única e especial).

Ademais, as informações não podem aparecer de uma só vez, em apenas um parágrafo. Quanto mais complexo o assunto, mais a explanação deve se estender por vários parágrafos, sempre empregando-se frases curtas. É importante lembrar que é do final (trecho em que a informação se fixa e deixa impressões prolongadas) que o leitor se recorda mais. Assim, é possível construir um final com projeções sobre o futuro ou um resumo da reportagem.

Para saber mais

VILLAS-BOAS, S. **O estilo magazine**: o texto em revista. São Paulo: Summus, 1996.

Esse livro é uma boa referência para conhecer um pouco mais acerca das especificidades do texto para revistas informativas. Por meio de exemplos concretos, o autor apresenta o desenvolvimento histórico desses periódicos e como suas produções tornaram-se mais convidativas que as dos jornais.

Antes de discorrermos sobre como se efetiva a proximidade entre jornalista e consumidor de notícia em mídias eletrônicas, observe alguns circunlóquios que devem ser evitados em textos para revistas.

Quadro 2.1 Eufemismos evitados no jornalismo

Em vez de	Aconselha-se usar
Um grande número	Muitos
Um pequeno número	Poucos
No presente momento	Agora
Chamou atenção para o fato	Lembrou
Apesar do fato de	Apesar de
Chegou ao final de	Terminou
Na ausência de	Sem
Num futuro próximo	Logo
Em duas diferentes oportunidades	Duas vezes
Na eventualidade de	Se, quando
Mesmo considerando o fato de	Apesar
Travar uma discussão	Discutir
Com o objetivo de	Para
Baseado no fato de que	Porque
Devido ao fato	Porque

As revoluções midiáticas determinaram (e ainda definem) as dinâmicas do processo comunicacional. Nesse sentido, o computador unificou a comunicação feita por meio da escrita, da tipografia, do daguerreótipo, da fonografia e da cinematografia, do rádio e da televisão. Isso mesclou as mídias e concretizou a multimodalidade, a multimidialidade, a convergência das mídias e a transmídia. Esse fenômeno suscitou, ainda, a reformulação da linguagem jornalística em todas as plataformas, como discutiremos na sequência.

2.3
A "magia da voz" no dispositivo radiofônico

Em essência, o rádio é voz, música, sons e ruídos. Durante muito tempo, inexistiu imagem ou representação dos locutores ou dos objetos que criavam os sons, as vozes. Cabia ao ouvinte imaginar o que o locutor enunciava. Agora, com a internet, diversas emissoras de rádio transmitem alguns programas em redes sociais, em aplicativos ou em seus *sites*, possibilitando ao ouvinte assistir ao locutor durante toda a transmissão. Como afirma Saad (2008, p. 133), "hoje assistimos as transmissões simultâneas de TV e rádio pela Internet, além do acesso ao meio impresso através dela".

Ao assumir esse formato, o rádio passou a veicular, além do som, a imagem e o texto, aumentando o dinamismo com seu público. Todavia, segue não demandando do ouvinte atenção fixa e sendo uma das mídias mais democráticas, visto que não requer qualquer leitura para ser acessado.

O ouvir tem um quê de mágico, envolvendo o ouvinte em uma aura misteriosa e sedutora. Além disso, permite criar uma "intimidade" com o locutor e identificar seu estado de espírito, bem como seu estilo peculiar: emotivo, contagiante, autoritário etc. Como aponta Charaudeau (2007, p. 106-107),

> diz-se que a voz, com suas características de timbre, de entonação, de fluência e de acentuação, é reveladora do que comumente é chamado de 'estado de espírito' de quem fala, isto é, dos movimentos que perpassam sua afetividade oculta ou pelo menos invisível, a imagem que faz de si mesmo (e eventualmente dos outros) e até sua posição social.

A narrativa radiofônica vale-se do som para construir a realidade, sendo da competência dos locutores empregar estratégias para, além de informar, cativar. Por intermédio da oralidade (com suas variantes, como timbre e tom), é estabelecida uma convivência ou um tipo de distanciamento. Essas conexões, sobretudo a de confidência, podem ser acentuadas, por exemplo, por telefonemas para a emissora ou por mensagens pelo WhatsApp. Nesse sentido, é fundamental que o locutor agradeça a interação do público, citando o nome de alguns ouvintes e, por conseguinte, enfatizando a existência de um dialogismo amplo e real. Assim, os interlocutores sentem que suas preferências são consideradas e que, de fato, contribuem para o andamento do programa.

Embora a linguagem varie entre as emissoras, as idiossincrasias do interlocutor personificam o programa e tornam-no cúmplice do ouvinte. Vale aqui salientar que todas as pessoas, jurídicas ou físicas, são dotadas de personalidade. De acordo com Diniz (2001, citado por Godoy, 2008, p. 15),

> A personalidade não é um direito, de modo que seria errôneo afirmar que o ser humano tem direito à personalidade. A personalidade é que apoia os direitos e deveres que dela irradiam, é o objeto de direito, é o primeiro bem da pessoa, que lhe pertence como primeira utilidade, para que ela possa ser o que é, para sobreviver e se adaptar às condições do ambiente em que se encontra.

Cabe ao locutor utilizar uma linguagem de fácil compreensão e que atinja um grande público. Entretanto, como alerta Prado (2006, p. 6),

> não é porque a emissora fala para um público popular que devam ser usados certos termos chulos como 'sapatão', 'boiola',

'maricas', use 'homossexual'. Ao relatar que manifestantes de uma passeata gritavam 'políticos filha da...', basta dizer que os manifestantes xingavam o político; não use palavrões, mesmo os mais usais.

O locutor deve evitar o emprego excessivo de adjetivos (expressões que, se adequadas, também colaboram para criar e reforçar laços com o ouvinte), explicando, caso necessário, o porquê de considerar tal artista genial, por exemplo. Isso deve ser feito sobretudo se esse profissional for amigo do artista em questão.

Embora siga um roteiro e cumpra requisitos técnicos, o locutor é capaz de manter certa naturalidade (ele não deve permitir que os espectadores notem que sua fala foi preconcebida, nem deve ser verborrágico) e pode recorrer à redundância, para que o público fixe a mensagem transmitida. Soma-se a isso a necessidade de evitar vícios de linguagem, também conhecidos como *bengala*, algo típico da fala coloquial.

Exemplo prático

Antes, desaconselhava-se usar expressões como "ele que é" ou "aí", algo atualmente bastante corriqueiro; isso mudou porque, por exemplo, "Vamos ouvir Kanye West, ele que é cantor, estilista e produtor musical...", soa mais natural para o ouvinte.

Compete ao jornalista encontrar uma linguagem equilibrada, que não seja empolada ou repleta de gírias. Recomendam-se, principalmente, palavras simples, de fácil entendimento. Por isso, frases como "Bom dia, galera, está começando agora..." tornaram-se muito comuns. O mesmo ocorreu com as gírias e outras expressões próprias da cidade ou local da transmissão. É pertinente destacar que é aconselhável usar a norma culta, mas sempre primando pela simplicidade no discurso.

Se no jornalismo impresso, podem-se utilizar recursos literários para relatar algo, como metáforas e outras figuras de linguagem, no rádio, isso não é indicado, pois pode comprometer a compreensão do interlocutor. Segundo Ferraretto (2001, p. 230), "estes problemas agravam-se na redação radiofônica, que exige o máximo de clareza. Afinal, o ouvinte não terá uma segunda chance para compreender a mensagem". Logo, alegorias, eufemismos e metáforas não são bem-vindos no rádio.

A internet concedeu à sociedade uma voz ativa em diferentes meios de comunicação. Isso afetou não só a programação musical, mas também a conduta dos departamentos das empresas e os parâmetros de audiência, agora medidos em conjunto nas pesquisas de Ibope. Diante desse cenário, o rádio tem enfrentado o desafio de encontrar um caminho paralelo para interagir entres esses dois universos, hoje já tão entrelaçados. Em algum ponto desse percurso, o produto desse fenômeno poderá ser chamado de *cultura participativa* e *inteligência coletiva*, como Jenkins (2009) designa as possibilidades de o telespectador atuar como produtor de conteúdo.

2.4
Convergência das mídias e novas formas de interação com o público

Os telejornais de abrangência nacional perpetuaram-se como programas de prestígio que utilizam o texto formal e a norma padrão da língua portuguesa. A escrita padrão passou a ser oralizada pela televisão e pelo rádio. Demonstramos na seção anterior que o rádio mudou e (vem mudando) em razão da evolução tecnológica e da nova dinâmica social. O mesmo teria acontecido com a TV?

Para Charaudeau (2007), a televisão cumpre um papel social e psíquico por meio do qual o indivíduo processa o reconhecimento de si através de um mundo que se faz visível. Tendo a TV unido som e imagem, com ou sem convergência, como deve ser o texto para que gere uma identificação com o telespectador, fazendo com que ele pare o que está fazendo e fique olhando para a "caixa mágica"?

A princípio, a TV utilizava a mesma linguagem do rádio e, aos poucos, percebeu-se que era necessário usar uma roupagem específica, visto que tal mídia opera com um elemento que o rádio não tem: a imagem. Foi na década de 1970, com o Jornal Nacional, que isso foi implementado e aprimorado em função das configurações da sociedade. Esses rearranjos linguísticos viabilizaram alcançar outros tantos espectadores.

Pode-se dizer que os três primeiros estágios pelos quais a linguagem da TV passou foram: o abandono da formalidade característica do século XIX, a passagem da linguagem formal para a escrita e a transição desta para um modelo mais informal, com vistas à oralidade.

Quanto a sua estrutura, atualmente, o texto televisivo deve ser coloquial, claro e preciso. Uma das primeiras dicas para redigi-lo é lê-lo em voz alta, de modo que se perceba como ele soará ao ser reproduzido na fala, o que falta e o que deve/pode ser ajustado, como a existência de diversas palavras com a mesma terminação para evitar a sensação de eco (por exemplo, "A seleção está na concentração, em preparação para o jogo no Japão").

Para saber mais

ACADEMIA DO JORNALISTA. **Como elaborar uma redação jornalística para web e sua objetividade**. (7 min.). Disponível em: <https://www.youtube.com/watch?v=YxvxKYiuTLE>. Acesso em: 18 fev. 2021.

No vídeo, Fernanda Félix, jornalista, editora-chefe e CEO do *Jornal Dialogado*, dá algumas orientações para quem deseja produzir não apenas notícias para *sites* informativos, mas também conteúdo para *blogs* e outros ambientes virtuais.

Ainda, deve-se ficar atento aos cacófatos, ou seja, aquelas palavras cuja sílaba final, quando unida à primeira sílaba do vocábulo seguinte, geram sons e sentidos desagradáveis ou inadequados, como "por cada dia" (porcada), "uma mão lava a outra" (mamão) e "a boca dela" (cadela).

Reiterando o exposto, Paternostro (2006, p. 78-79) explica: "Se as palavras – tanto no OFF quanto na passagem de um repórter, ou mesmo em um *lead* ou em uma nota ao vivo – são confusas, desconhecidas, complexas, eruditas, ambíguas, fracas ou específicas, o telespectador simplesmente ignora-as e passa a se fixar na imagem".

Os *scripts* contêm os textos escritos pelo editor-chefe e lidos pelos apresentadores e jornalistas durante as apresentações de programas ou telejornais. Em se tratando do jornalismo, cabe aos repórteres fazer a leitura e a revisão deles antes de irem ao ar. Até poucos anos atrás, os jornalistas da Rede Globo, por exemplo, passavam por um curso de redação e estilo, que ensinava técnicas e regras sobre a produção de textos, de palavras e termos que não deveriam ser utilizados, além de locuções próprias e em quais contextos deveriam ser utilizadas. Por exemplo, a expressão *líder de gangue* deveria ser substituída por *chefe de facção criminosa*, pois líder é uma adjetivação positiva. Com o tempo, essas normas tornaram-se ultrapassadas, o que demandou dos repórteres discernimento para identificar quais expressões melhor condizem com cada contexto/situação.

Exemplo prático

Segundo o *Manual de redação e estilo* da Rede Globo, o texto que antes seria lido assim:

"Termina amanhã o prazo para o pagamento da última parcela do IPVA pra quem tem carro com placa final dois. Lembrando que circular sem pagar o imposto dá multa".

Passa a ser enunciado da seguinte maneira:

"Amanhã termina o prazo pra pagar a última parcela do IPVA de carros com placa final 2 e circular sem pagar o imposto dá multa, viu?".

Nesse exemplo, podemos notar que a escrita é mais direta e apresenta um marcador da oralidade, o "viu".

Mesmo falando para uma multidão desconhecida, o jornalista precisa reportar-se a ela como se estivesse em uma conversa com apenas uma pessoa. Por isso, pode recorrer a vocativos, assim como a marcas de atenção ou de aceitação, como "viu" e "né", captando a atenção e a afinidade do telespectador. Soma-se a isso o emprego de marcadores não lexicais como "hum" e "ah", bem como de expressões próprias de conversas informais, como "sabe", "entende?", "gostou?".

Essa prática nada mais é do que uma estratégia para conquistar e garantir maior audiência (levando o público a se ver representado na tela) para o telejornal, que, embora permita essa composição textual, adota como predominante um registro formal, em especial ao abordar temas mais "sérios", como política e saúde.

Para Lage (2003), isso mostra que o jornalismo não é uma prática engessada no tempo, que fala uma língua pouco condizente com a realidade e o entendimento do público. Preconiza, portanto, uma linguagem universal, compreensível por, pelo menos, a maior parte da população.

> Sua descrição não se pode limitar ao fornecimento de fórmulas rígidas, porque elas não dão conta da variedade de situações encontradas no mundo objetivo e tendem a envelhecer rapidamente. A questão teórica consiste em estabelecer princípios (a) tão gerais que permitam a constante atualização da linguagem e (b) relacionados com os objetivos, o modo e as condições de produção do texto. (Lage, 2003, p. 26)

O jornalista tem como missão ser os olhos e a voz do cidadão e transformar em textos os fatos e os acontecimentos correntes, escolhendo atentamente o que dizer e como dizer, mesmo em entradas ao vivo. Seus relatos devem ser feitos cronologicamente, ou seja, com início, meio e fim, no tempo presente e na voz ativa. É importante, ainda, evitar frases longas e palavras de pronúncia complexa. No caso do rádio, o locutor pode explorar minúcias do cenário, da situação, para situar o ouvinte e permitir-lhe compreender o que está sendo informado.

Para facilitar a compreensão, Paternostro (2006) sugere confeccionar o texto com frases e palavras curtas. Parágrafos com sete linhas, para os padrões do telejornalismo, já são demasiado longos tanto para a leitura do repórter quanto para o telespectador. A seguir, apresentamos alguns exemplos de termos curtos e facilmente compreensíveis.

Quadro 2.2 Palavras que devem ser evitadas no jornalismo

Evite	Use
Aeronave	Avião
Cadáver	Corpo
Chefe do executivo	Presidente
Comercializar	Vender
Contabilizar	Somar
Falecer	Morrer
Matrimônio	Casamento
Medicamento	Remédio
Membro	Integrante
Precipitação pluviométrica	Chuva
Sanitário	Banheiro
Teve início	Começou
Veículo	Carro

Assim como no rádio, quando necessário, pode-se repetir a informação (especialmente números de telefone, *sites* ou endereços).

Há ainda frases chavões, ditas todos os anos em determinados tipos de eventos. Com certeza você já ouviu frases como "mostra o samba no pé", "a festa não tem hora para terminar", "a alegria é total", "chegou ao fundo do poço". Frases, chavões, clichês não acrescentam nada ao texto, empobrecendo-o e contribuindo para que se perca o interesse por aquilo que está sendo mostrado.

A pontuação também é algo muito importante e que não deve ser esquecida pelo jornalista, pois é ela que dará o ritmo ao texto, independentemente da plataforma. "Se o texto não estiver pontuado corretamente, o apresentador pode parar, sem fôlego, no meio de uma frase e até alterar o sentido da informação" (Paternostro, 2006, p. 69). Frases intercaladas, entre vírgulas, devem ser evitadas em textos televisivos.

Em acréscimo é preciso lembrar que o corpo também fala. Existem repórteres que, às vezes, parecem não saber o que fazer com as mãos, outros ficam apoiados apenas em um pé, o que compromete a fala. É preciso estar atento ao corpo e não deixá-lo transparecer, por exemplo, ansiedade ou medo. Da mesma forma, devem-se mostrar confiança e segurança em frente às câmeras (olhá-las diretamente, já que substituem a íris de quem está assistindo ao programa), o que confere mais credibilidade e veracidade àquilo que está sendo apresentado.

Importante!

Os textos jornalísticos devem ser escritos na ordem direta (sujeito + verbo + predicado), evitando frases intercaladas, como a seguinte:

"O presidente do Líbano disse que, apesar do momento de tensão, diante da explosão ocorrida em Beirute, o povo libanês deve seguir sua vida normal."

No mesmo exemplo, é preferível adotar a ordem direta e eliminar frases intercaladas, como em:

"O presidente do Líbano quer que o povo tenha vida normal, apesar do momento de tensão por causa do fato ocorrido em Beirute."

Outras recomendações são: não iniciar frases com algarismos, não compor texto rimado e evitar repetir palavras na mesma frase.

Focalizando a contribuição da internet nesse âmbito, com seu advento da convergência, tanto a linguagem quanto a forma de interação com o telespectador sofreram alterações.

Jenkins (2009, p. 29) chama de *convergência*

> o fluxo de conteúdos através de múltiplas plataformas de mídia, à cooperação entre múltiplos mercados midiáticos e ao comportamento migratório dos públicos dos meios de comunicação [...]. Convergência é uma palavra que consegue definir transformações tecnológicas, mercadológicas, culturais e sociais.

A convergência da TV aberta para a internet é um fenômeno mundial que está ressignificando a interação das pessoas com os conteúdos produzidos pelas emissoras de TV.

As redes sociais estimularam uma comunicação especifica da internet, contendo linguagem e regras próprias. No intuito de atingir os internautas, as mídias tradicionais, além de migrarem para o mundo virtual da internet, têm utilizado sua linguagem, como bordões e *hashtags*.

Com o propósito de alcançar um público diversificado, muitas emissoras passaram a oferecer jornais em formato transmidiático, isto é, em várias plataformas. O programa é, assim, exibido na televisão, no *site* e no rádio, geralmente começando minutos antes pelo *site*, continuando nos intervalos do programa da TV, com a participação dos internautas e do apresentador ou entrevistado. Após o fim da exibição do telejornal, o programa segue por mais alguns minutos nas outras plataformas. Contudo, há também telejornais no formato *crossmidia*, ou seja, informam ao telespectador que no *site*, geralmente vinculado à mesma emissora, outras informações sobre aquele assunto noticiado estarão disponíveis e, em alguns casos, um especialista participará de um bate-papo com os internautas.

Além da linguagem da internet no jornalismo, o chamado *internetês* configura-se como uma variação linguística. Nela, as palavras são abreviadas de forma que se tornam uma única expressão, abandonam-se os acentos e emprega-se a pontuação de modo diferente. Não há como negar a existência também de uma convergência entre as linguagens das mídias tradicionais com as novas mídias. Ramal (2002) afirma que a internet realizou uma mudança na forma de comunicação, fazendo existir uma nova relação de espaço, tempo, contexto e mensagens entre os diferentes tipos de interlocutores.

Com o surgimento de negócios específicos do mundo virtual, como o YouTube e a Netflix, por exemplo, as emissoras também começaram a sofrer influência dessas plataformas e, quando aparentou ser conveniente, incorporaram em seus produtos alguns modelos provenientes do digital. Como exemplo, há o "G1 em um minuto", que, substituindo o "Plantão da Globo", apresenta repórteres utilizando uma linguagem característica da internet para narrar as principais notícias daquele turno. Geralmente, eles aparecem vestidos com roupas informais e não escondem os *piercings* nem as tatuagens, por exemplo. Isso contribui para uma maior aproximação entre a emissora e o público.

Não estar atento a essas mudanças ou não as incorporar em telejornais, por exemplo, de uma forma que não prejudique sua credibilidade, é se mostrar uma emissora obsoleta, incapaz de acompanhar a própria dinâmica da sociedade, o que afeta, por conseguinte, a audiência.

Quanto à produção de textos para a internet, *sites* de notícias especificamente, deve-se evitar frases longas, voz passiva, internetês e ordem indireta, assim como nas mídias tradicionais. De acordo com estudos realizados por *eyetracking*, a leitura em um site é feita via "escaneamento", e o olho do internauta para quando encontra palavras-chave que o interessam. Assim, como na *web* o leitor tem a liberdade para construir a narrativa partindo do ponto que lhe aprouver, deve-se colocar as informações principais da matéria no começo do texto, a exemplo do que se faz nos textos informativos jornalísticos. Outras informações podem ser distribuídas por *hyperlinks*, que são elementos clicáveis que levam o leitor para outro lugar do *site* com mais informações sobre o assunto tratado na matéria inicial.

Sobre a construção de textos para a internet, Ferrari (2004, p. 92), afirma que,

> O trabalho *on-line* é realmente excitante, pois exige que o jornalista pense na informação em toda a sua cadeia. Você redige o texto, acrescenta ao banco de dados geográfico o novo endereço da sala de cinema em questão, oferece um serviço de compra de tíquetes etc. Estamos falando em pensar a informação em toda a sua plenitude. É como se o repórter do caderno de Cultura de um jornal também fosse o repórter de trânsito e ao mesmo tempo o gerente publicitário [...].

Na produção de textos para a *web*, também é importante evitar, sempre que possível: utilizar mais palavras do que o necessário; usar palavras com significado abstrato; generalizações e frases longas.

Síntese

- Os emissores de notícias vêm adotando uma linguagem compreensível pela maior parte do público, rompendo, por conseguinte, as barreiras de comunicação.
- A mídia impressa busca aproximar-se do público por meio de gírias, neologismos e do jornalismo interpretativo, que é característico do estilo magazine;
- A tecnologia promoveu a reconfiguração das mídias, em especial, a radiofônica e a televisiva, tornando os textos mais informais e possibilitando a aproximação entre jornalistas e telespectadores por meio das redes sociais e de aplicativos de mensagens.

Questões para revisão

1) Primeira parte de um texto noticioso, com duas ou três frases que respondem a seis perguntas básicas (O quê? Quando? Onde? Quem? Como? Por quê?). Consiste em uma técnica jornalística implantada nos jornais no século XIX para a abertura do texto jornalístico. Recomenda-se que tenha entre 4 e 5 linhas de 70 toques. Assinale a alternativa que apresenta o conceito que corresponde com a definição dada:
   a) Título.
   b) Manchete.
   c) Lide.
   d) *Hyperlink*.

2) "A reportagem é um texto jornalístico que comunica uma notícia ou informação, através dos meios de comunicação, como televisão, rádio, jornal impresso, revista e *web*. A transmissão da reportagem é feita por repórteres, profissionais dotados de técnicas e práticas no ramo do jornalismo" (Xavier; Rodrigues, 2013, p. 1)

   Considerando essa afirmação, assinale a alternativa que **não** condiz com a função da reportagem jornalística:
   a) A reportagem propõe um debate sobre um assunto, por isso sua elaboração requer um tempo maior, para que o repórter possa pesquisar sobre o tema, realizar entrevistas e construir o texto.

b) Trata-se de um texto com caráter informativo que visa incutir uma opinião nos leitores. Para tanto, recorre a vários recursos literários.
c) A reportagem apresenta diferentes pontos de vista sobre determinado assunto. Assim, com várias opiniões e versões do fato, contribui para o melhor entendimento do receptor.
d) Consiste em um texto maior do que a notícia e que contribui para a interpretação de um fato. Por ser interpretativo e reunir relatos de várias fontes, não segue a estrutura do lide.

3) O texto jornalístico segue certas normas universais. Em qualquer veículo impresso ou eletrônico, o redator deve ser claro, conciso, direto, preciso, simples e objetivo. O que diferencia o texto para rádio daqueles preparados para a imprensa escrita é a instantaneidade. O ouvinte só tem uma chance para entender o que está sendo dito, já que a mensagem se "dissolve" no momento em que é levada ao ar (Barbeiro; Lima, 2003). A conquista desse consumidor baseia-se na produção de textos coloquiais. Para isso, devem-se seguir algumas recomendações, sendo uma **exceção**:
a) o cuidado com encontros silábicos que criam cacófatos.
b) a criação de uma sequência lógica com sujeito, verbo e predicado.
c) a necessidade de evitar gerúndios.
d) a dispensa de que o texto radiofônico seja iniciado pelo lide.

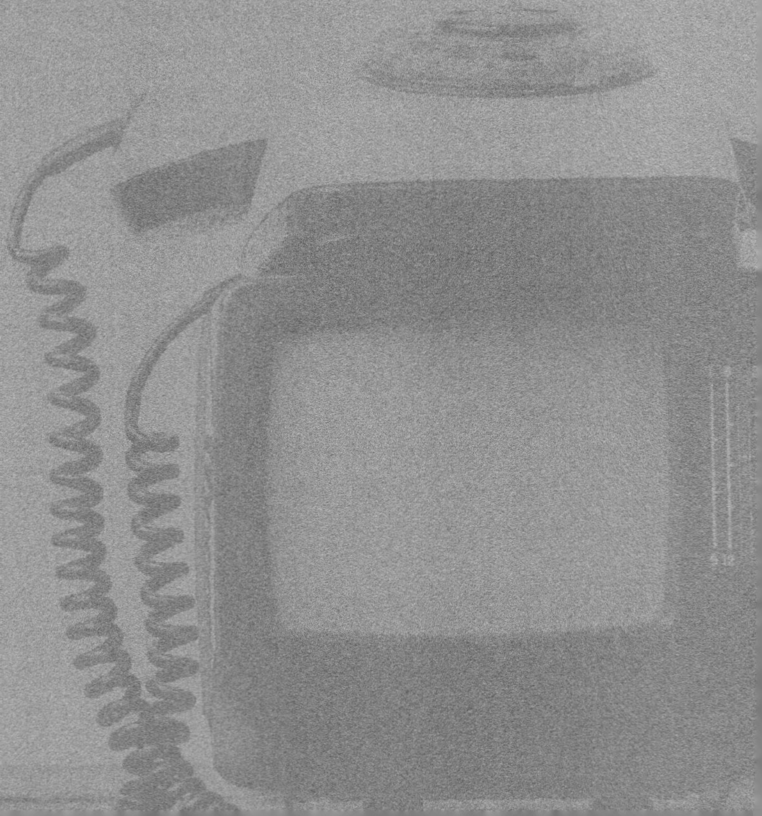

3
Relação do homem com as tecnologias de comunicação

Conteúdos do capítulo

- A tecnologia e a aldeia global.
- Impactos das diferentes tecnologias sobre o modo de produção e as relações pessoais.
- O desenvolvimento das tecnologias de informação.
- A reconfiguração da prática jornalística proporcionada pela revolução tecnológica.

Após o estudo deste capítulo, você será capaz de:

1. detectar a importância da tecnologia e das novas tecnologias de comunicação;
2. caracterizar os novos tipos de leitores provenientes das revoluções tecnológica e comunicacional;
3. relatar como a internet possibilitou mudanças no processo comunicacional.

Como expusemos nos capítulos anteriores, a comunicação anda de mãos dadas com a tecnologia, e esta tem promovido transformações que conferem outro ritmo ao mundo do trabalho na contemporaneidade. Como aponta Lévy (2001), as tecnologias de comunicação e informação vêm tornando-se uma tendência no mundo contemporâneo e, praticamente, todos os campos de atuação são mediados por sistema telemático ou informático. Nesse contexto, é evidente que a tecnologia exerce um papel de grande relevância na comuni- cação e na informação e o que o avanço da tecnologia pode influenciar o processo comunicacional e as formas de trans- missão da informação. Neste capítulo, empreenderemos uma discussão a esse respeito tendo como base o jornalismo.

3.1
O homem e a tecnologia

Você já reparou que a mídia, em suas diferentes formas, tem-se tornado algo de que os indivíduos dependem e que penetra o dia a dia de todos, tornando até as tarefas mais banais inimagináveis sem essas tecnologias?

É muito mais comum entre as pessoas ouvir ou buscar a previsões do tempo em vez de verificar a cor do céu. *E-mails*, mensagens de texto, correio de voz e redes sociais conectam cada vez mais pessoas. A internet e a *web* abriram múltiplos canais para acesso instantâneo ao conhecimento especiali- zado, anteriormente disponível apenas em versão impressa ou em contato direto com a pessoa detentora dele.

O novo interativo ou a mídia participativa (por exemplo, telefones celulares, mensagens de texto, *blogs* etc.) penetra cada vez mais na atividade prática cotidiana. A mídia, nesse sentido, influencia profundamente o ritmo do dia a dia, compreensões e atividades. Em síntese, tudo o que qualquer sujeito pode dizer, descubrir e saber sobre o mundo é feito com a ajuda da mídia e das tecnologias de informação e comunicação (TICs).

Durante muito tempo, associou-se a tecnologia ao que era mecânico, automático, eletrônico, impessoal. Todavia, cada vez mais a comunicação é realizada com apoio de tecnologias eletrônicas, que também modificam a forma de interação entre as pessoas. Também o processo de globalização, no que se refere a questões econômicas, necessita das tecnologias eletrônicas. Sobre isso, McQuail (2003, p. 219) declara que: "enquanto a tecnologia tem sido condição necessária a uma extensa globalização, e o verdadeiro meio global que é a Internet ilustra isto muito claramente, as forças mais constantes e imediatas por detrás da globalização têm sido econômicas".

A tecnologia desempenha importante papel no processo de mudança na sociedade, exercendo influência velada sobre seus usuários. Na década de 1990, momento em que a internet se tornou comercial, Castells (1999, p. 22) já percebia o quanto o mundo mudaria com as novas tecnologias de informação e afirmava que "um novo sistema de comunicação que fala cada vez mais uma língua universal digital está promovendo a integração global da produção e distribuição de palavras, sons e imagens de nossa cultura como personalizando-os ao gosto das identidades e humores dos indivíduos".

Essa mudança que promoveria uma integração de todo o globo, mencionada pelo autor, está inserida na **revolução digital** ou **tecnológica** que o mundo passou a vivenciar ainda no século passado quando se efetivaram a propagação do computador, da internet e a melhoria do sistema de telecomunicação.

As rápidas transformações proporcionadas pela tecnologia fomentaram a formulação do conceito de **aldeia global**, criado pelo sociólogo Marshall McLuhan (1911-1980), que comparou o mundo a uma aldeia em que todos podem se comunicar entre si.

A utilização dos meios de comunicação faz surgir outras formas de relacionamento entre os indivíduos e consigo mesmo; afinal, quando alguém usa os meios de comunicação para se comunicar, ocorre uma interação distinta daquela efetivada face a face. Como consequência, modifica-se a organização de tempo e espaço, originando novas formas de ação e interação, bem como novas formas de exercer o poder; este se expande, não estando mais restrito a um local específico.

O que é

A palavra **tecnologia**, utilizada em vários campos do saber, pode ser compreendida como um conjunto de conhecimentos empíricos ou científicos aplicados de forma direta na produção ou melhoria de bens ou serviços.

Há uma grande variedade de tipos de tecnologia, da escrita ao computador, e que convivem simultaneamente na sociedade. Todavia, nem todas possuem características técnicas, como a escrita.

Já as TICs podem ser definidas como "tecnologias utilizadas para tratamento, organização e disseminação de informações"

(Takahashi, 2000, p. 176). De acordo com Silva (1997), essas tecnologias podem ser divididas em dois tipos: as tradicionais que não estão ligadas diretamente aos avanços recentes da eletrônica, e as novas tecnologias que surgem a partir dos recursos eletrônicos até chegar ao computador e à internet.

As TICs abrangem os desenvolvimentos em informática e tecnologias de comunicação. Elas podem ser compreendidas também como um corpo de tecnologias que possibilitam a coleta, o processamento, o armazenamento e a transmissão de dados para qualquer lugar do mundo ou, quando necessário, o acesso automático desses dados em algum lugar. Tais tecnologias servem à transmissão, às telecomunicações, à informação, à difusão, à publicação e à comunicação em si.

As TICs correspondem às partes mais importantes dos sistemas de informação. A informação e as tecnologias de comunicação estimularam o estabelecimento de definições e conceitos, além do desenvolvimento de ferramentas audiovisuais, possibilitando a produção de informações e o acesso a elas, o aprimoramento e a mudança de tecnologias de informática e de banco de dados e a internet.

Existe uma gama de definições sobre a determinação do escopo das TICs e este continua se expandindo diariamente. Computadores, microeletrônica, circuitos integrados, tecnologias de comunicação, multimídia e biotecnologias são algumas das finalidades das TICs nestas primeiras décadas do século XXI; e provavelmente muitas outras surgirão nos próximos anos.

As novas tecnologias contam com dispositivos que enviam e recebem dados e informações de forma simultânea, conferindo mais rapidez e praticidade à troca de conteúdo, ao passo que as mídias tradicionais – como o rádio, a televisão e o cinema – produzem conteúdo unidimensional e a informação é enviada em um fluxo unidirecional, em que o receptor apenas recebe a mensagem enviada pelo emissor.

As TICs reúnem todos os conhecimentos imprescindíveis para o processamento de informações, que ocorre via computador e aplicativos, envolvendo a produção, a transmissão e a recepção de conteúdo.

Em síntese, as tecnologias, em sua forma tradicional ou não, são recursos facilitadores para o usuário, capazes de ampliar suas capacidades, oferecendo agilidade e segurança, reunindo, organizando e preservando dados e disponibilizando informação.

3.2
Desenvolvimento das tecnologias de informação

No mundo contemporâneo, quando se tem acesso às ferramentas ideais (no mínimo, um celular ou computador com acesso à internet), qualquer pessoa pode criar e divulgar conteúdo nas mais distintas plataformas da internet. Empresas e instituições dos mais diversos ramos, de forma geral, atualizaram sua forma de agir, buscando conhecer, atuar e interagir nesse novo cenário digital.

Percebe-se na atual conjuntura da comunicação uma mudança significativa na forma de interação entre as diversas mídias, em especial, com a emergência das redes sociais virtuais. As empresas jornalísticas sentem, cada vez mais, a necessidade de se integrar com uma nova realidade no ciberespaço. Diante de tais perspectivas, nasceu a demanda por profissionais especializados na área. Um exemplo são aqueles que atuam especificamente nas redes sociais ou mídias digitais.

O surgimento da internet e, mais tarde, das mídias digitais causou profundas mudanças na vida das pessoas e na forma como elas se comunicam. Tais impactos não se fizeram perceber apenas nas interações sociais, mas também na produção midiática. Nesse processo, o jornalismo passou a habitar também as mídias e as plataformas digitais.

Os efeitos desse fenômeno são sentidos na distribuição de conteúdo, na velocidade da informação, no relacionamento com as fontes e no papel ativo que o receptor assumiu, podendo participar da produção das informações.

Tais alterações fomentaram um novo modo de se produzir jornalismo, impactando as práticas dos profissionais e das empresas, bem como o papel do receptor. Essa reconfiguração compôs o cenário dos meios midiáticos, em que todos os meios convergem e coexistem no ciberespaço. A chegada da internet e seu avanço acelerado permitiram às mídias interagir e se integrar a todas as ações sociais. A televisão, o rádio e o jornal impresso estão disponíveis e acessíveis em um só lugar e a todo o tempo, sendo possível ao público interagir, compartilhar, curtir, criticar e participar da produção e divulgação das informações.

Outra inovação são os *sites* e as redes sociais, que se tornaram canal aberto dos veículos de comunicação como forma de estar junto do público. A presença dos meios nesses espaços de interações em rede marca de forma expressiva a reconfiguração do jornalismo. Essa alteração foi viabilizada pelo avanço técnico das telecomunicações que resultaram em mídias descentralizadas, não lineares e multidirecionais. Todo esse processo, vale salientar, faz parte da nova ambiência midiatizada em que as tecno-interações são realizadas.

O desenvolvimento das TICs ocorreu em paralelo aos desenvolvimentos sociais desde quando o homem começou a falar. Por isso, no âmbito da comunicação, esta é considerada a terceira revolução tecnológica da história, sendo qualificada, porém, por alguns autores como a maior de todas.

No que se refere à comunicação, podemos elencar três períodos históricos importantes e que afetaram todas áreas do processo de desenvolvimento de tecnologias de comunicação:

1) Revolução quirográfica, com a invenção da escrita no século IV a.C;
2) Revolução de Gutenberg, com a invenção da prensa, no século XV;
3) Revolução na eletricidade e eletrônica, com a invenção do telégrafo, do rádio e da televisão.

Antes da invenção da imprensa, o mundo tinha a mesma velocidade, pois as mudanças e a comunicação ocorriam de forma muito lentas. As vidas das pessoas eram semelhantes em todo o mundo ao longo da pré-história. Por causa da baixa taxa de comunicação, passava-se muito tempo até que as inovações chegassem às pessoas. A taxa de transformação social aumentou após a invenção da imprensa e a diferenciação de civilizações tornou-se possível.

A característica mais significativa dos desenvolvimentos tecnológicos nos últimos anos é que tais aprimoramentos são dirigidos mais ao processo de produção do que ao produto. Os avanços tecnológicos foram influentes no processo de produção e os recentes incrementos em tecnologia de informática alteraram visivelmente a produção, a distribuição e as etapas de transporte dos produtos no geral, e da notícia em particular.

Agora, muito mais do que estarem preocupadas como produto em si, as empresas de comunicação requerem profissionais capazes de assumir várias funções e diferentes papéis na redação. O jornalista teve que se adequar a essa nova realidade; além de produzir a matéria para uma plataforma, ele tem, por exemplo, de tirar e tratar fotos, gravar e editar áudio e produzir conteúdo para diferentes mídias, pois o mercado exige um profissional polivalente, um "jornalista universal".

As novas tecnologias de comunicação possibilitam o uso bidirecional e este é o tipo de tecnologia que geralmente tem características multimídia, marcada pela a união entre a internet com as mídias tradicionais.

Os avanços nas TICs desde a década de 1980 promoveram mudanças radicais na vida econômica e social das pessoas de todo o mundo. Os produtos e serviços baseados nessas tecnologias se tornaram um elemento indispensável no dia a dia dos sujeitos.

Os sistemas de comunicação são empregados na composição, no envio e no recebimento de mensagens eletrônicas e na movimentação de dados enviados e recebidos. Um dos aprimoramentos mais significativos no campo da comunicação ocorrereu com a mudança da tecnologia analógica para a digital na transmissão de dados. Os sistemas de comunicação digital aumentaram, de forma bastante significativa, o uso da comunicação auxiliada por computador, instrumentos de controle e ferramentas de comunicação. Isso possibilitou o fluxo de uma grande quantidade de informações.

Conforme expusemos nos capítulos anteriores, na década de 1960 formaram-se redes de acesso remoto a computadores. Numerosos terminais que compunham essa estrutura foram conectados a um computador-mestre situado no centro. Os dados foram transferidos automaticamente através das redes formadas com interligação de computadores.

Os avanços nas tecnologias de comunicação impactaram positivamente muitas áreas, particularmente o transporte, a meteorologia, a geologia, a medicina e a comunicação.

As ferramentas que surgiram com as novas tecnologias de comunicação são geralmente digitais e permitem interação com o usuário ou grupo-alvo. Concomitantemente, essas novas mídias criam seus próprios conteúdos e estilos e possibilitam um ambiente de mídia integrado. Nesse contexto, admite-se que as novas tecnologias de comunicação são eficazes especialmente por oferecer três vantagens, quais sejam:

1) o rápido aumento nas instalações de *broadcast* e de transmissão e roteamento de dados;
2) a apresentação e a visualização de dados;
3) o processamento e o armazenamento de dados.

> **O que é**
>
> *Broadcast* é uma palavra de origem inglesa e que significa "transmitir". É o processo que possibilita veicular informações para uma grande quantidade de pessoas. O sistema *broadcast* é responsável pela transmissão de todos os tipos de comunicação midiática, podendo ser via ondas de rádio, satélite, via cabo etc. Na internet, são as transmissões feitas via vídeo ou áudio.

3.3 Novas tecnologias de informação e comunicação

A evolução das tecnologias de comunicação mudou as características do jornalismo ao longo do tempo.

Como relatamos nos capítulos precedentes, os jornais foram criados depois que Gutenberg inventou a imprensa. O aumento do comércio e a necessidade de obter informações sobre as guerras em curso foram os principais fatores que estimularam o nascimento do jornal.

As melhorias na tecnologia de impressão desempenharam um papel importante para que o jornalismo se tornasse uma indústria no século XIX.

O jornal passou a fazer parte do dia a dia das pessoas com o aumento da sensação de bem-estar, o crescimento da taxa de alfabetização e as inovações tecnológicas. A partir do século XIX, o jornalismo americano foi particularmente afetado pela crescente importância dos anúncios na imprensa. O mesmo aconteceu no Brasil, no século seguinte.

As gráficas se transformaram em empreendimentos industriais, e o conteúdo e a organização dos jornais foram melhorados graças às inovações nos campos técnico, político e econômico. Especialmente as invenções do telégrafo e do telefone nas últimas décadas do século XIX tiveram reflexos na imprensa ao afetar a taxa de comunicação das notícias.

A partir daí, a imprensa tornou-se um setor que explora as últimas inovações de comunicação chegando a seu público-alvo mais rapidamente. O setor de mídia contemporâneo, com métodos e especificações de operação únicos no século XIX, conseguiu se tornar o **quarto poder** no século XX.

As mídias permitiram maior acesso e flexibilidade mediante a digitalização de conteúdos.

O modelo da comunicação contemporâneo, tendo como base a comunicação digital, tem modificado as formas de distribuição e circulação de conteúdo bem como as formas de se produzir e consumir informação. Na literatura da área, esse período é nomeado como *cultura de convergência* (Jenkins, 2009), *cultura participativa* ou *colaborativa* (Lipovetsky; Serroy, 2011), entre outros.

O fenômeno mais marcante no jornalismo no século XX, sem dúvida, foi a convivência de vários meios de comunicação de massa. Embora os jornais impressos, revistas e livros tenham dominado a primeira metade do século, a supremacia foi conquistada primeiro pelo rádio e depois pela televisão na segunda metade do século. Contudo, nenhuma dessas novidades afetou os jornais e o jornalismo tanto quanto a popularização da internet. Ela permitiu a interação entre o destinatário e o transmissor, algo inédito até aquele momento entre as mídias tradicionais.

Com o avanço tecnológico e o surgimento da internet, as empresas jornalísticas passaram a acessar informações visuais e textuais em bancos de dados com mais facilidade e rapidez. Os contatos entre os jornalistas e suas fontes também foi acelerado e facilitado pela internet. Com isso, esses profissionais tornaram-se ubíquos.

Você sabe o que é ubiquidade?

Para saber mais

ELA. Direção: Spike Jonze. EUA; Sony Picture, 2014.

Essa película apresenta a história de Theodore Twombly, interpretado pelo ator Joaquin Phoenix, que se apaixona por um sistema operacional. A obra nos mostra, de forma bastante singular, uma relação íntima entre uma pessoa e um sistema de inteligência artificial (*artificial intelligence* – AI), convidando o espectador a refletir sobre como as relações pessoais e amorosas vêm se alterando com o surgimento do computador e dos dispositivos móveis.

3.4 Leitor ubíquo

Santaella (2013) afirma que a revolução digital e o advento das redes sociais digitais fizeram nascer um novo tipo de leitor, dito *imersivo* ou *ubíquo*. De acordo com a autora, existem três tipos de leitor: o contemplativo, o movente e o imersivo.

O primeiro tipo, o **leitor contemplativo** ou **meditativo,** é aquele da era do livro impresso e da imagem fixa, que se detém à leitura de um livro e se dedica apenas a ele. De acordo com a autora, esse leitor nasceu na época do Renascimento e perdurou até o final do século XIX.

O **leitor movente** é o sujeito da multidão, dos grandes centros urbanos, dinâmico, que lê os sinais e linguagens presentes nas metrópoles. Esse leitor é contemporâneo do jornal impresso, da fotografia, do cinema e da televisão. Logo, caracteriza-se como um receptor e decodificador dessa linguagem visual.

O novo leitor, por sua vez, nasceu entre os novos espaços criados pelas redes computadorizadas de comunicação e informação. Ele é o **leitor imersivo**, pois consegue navegar entre diferentes tipos de tela, criando roteiros multilineares que ele também ajuda a construir interagindo com nodos (nós) existentes em imagens, sons, textos, vídeos, etc. através de *hyperlinks* e hipertextos.

Antes dos dispositivos móveis, era necessária uma interface fixa, como o *desktop*, o que obrigava o usuário a ficar parado, em frente à tela do computador para fazer leituras. Agora, isso não é mais necessário. A partir da criação dos dispositivos móveis, há dois tipos de mobilidade: a informacional e a do usuário.

> Ao mesmo tempo em que está corporalmente presente, perambulando e circulando pelos ambientes físicos – casa, trabalho, ruas, parques, avenidas, estradas – lendo os sinais e signos que esses ambientes emitem sem interrupção, esse leitor movente,

sem necessidade de mudar de marcha ou de lugar, é também um leitor imersivo. Ao leve toque do seu dedo no celular, em quaisquer circunstâncias, ele pode penetrar no ciberespaço informacional, assim como pode conversar silenciosamente com alguém ou com um grupo de pessoas a vinte centímetros ou a continentes de distância. O que lhe caracteriza [sic] é uma prontidão cognitiva ímpar para orientar-se entre nós e nexos multimídia, sem perder o controle da sua presença e do seu entorno no espaço físico em que está situado. (Santaella, 2013, p. 22)

No mundo contemporâneo, hiperconectado, utiliza-se um sistema de comunicação que é multimodal, multimídia e que pode ser levado para qualquer lugar, pois é portátil. Há um sistema de comunicação ubíquo assim como seus usuários. O acesso à informação pode ser feito em dispositivos móveis, lidos em qualquer hora e em qualquer lugar, sem necessidade de dedicação exclusiva a eles. Ao contrário do leitor contemplativo, o ubíquo não precisa de silêncio ou ficar isolado para fazer a leitura ou ser apenas um agente passivo, como o leitor movente.

Cabe aqui salientar que a existência de um tipo de leitor não elimina a do outro; em verdade, os três tipos convivem harmoniosamente.

Tendo apresentado os tipos de leitores, trataremos agora dos *blogs* e do quanto esse recurso de informação contribuiu para a reconfiguração do jornalismo.

O que é

O **hyperlink** é um elemento que leva o internauta de uma página da *web* a outra ou de um arquivo para outro. O termo foi criado na década de 1960 pelo pesquisador Ted Nelson (1937-). O hipertexto, por sua vez, pode ser caracterizado como um processo de escrita e de leitura não linear, possibilitando acesso a outros textos, sons ou imagens.

3.5
Blogs

No processo de desenvolvimento das tecnologias de comunicação, o jornalismo provavelmente mudou mais após a inserção das tecnologias da internet.

A grande mudança no campo da mídia foi a integração do processamento de dados e ferramentas visuais. Essa nova tecnologia de comunicação transformou todos os níveis do processo de informação, como produção e processamento, criando uma nova rotina nas redações das empresas de comunicação em todo o planeta.

As novas mídias, em particular, são marcadas pela celeridade. Além disso, elas expandiram sua influência em termos de geografia e a demografia e, portanto, as longas distâncias não são mais obstáculos na comunicação. Com essa nova realidade, uma grande quantidade de mensagens e informações pode ser classificada, selecionada e endereçada para diferentes lugares do mundo e ao mesmo tempo.

O fator mais significativo entre essas mudanças é que a nova mídia é híbrida, tendo a capacidade de reunir e combinar todos os tipos de mídia, como rádio, televisão e jornal em uma única plataforma.

Com a internet, os jornalistas conseguem, entre diversas outras possibilidades, transmitir a notícia para o serviço de radiodifusão com mais facilidade, usar a internet como banco de memória, valer-se de um comentário feito em uma notícia para produzir outras, acompanhar diferentes *sites* das agências de notícias. A internet também abriu caminho para a comunicação entre jornalistas e a transmissão mais fácil de fotos e vídeos para a agência de notícias.

Com a mudança de polo emissor, muitos pensaram estar assistindo ao fim do jornalismo, pois muitos internautas passaram a criar *blogs* fazendo um "jornalismo independente" ou 'jornalismo de bairro", produzindo conteúdo específico para determinada comunidade. Isso só foi possivel com a criação da chamada *web* 2.0, que transformou todo e qualquer internauta em possível criador de conteúdo.

Os *weblogs* (contração das palavras inglesas web e log, significando "diário de rede") se tornaram um ótimo meio para divulgar informações de cunho jornalístico ou não. De acordo com Araújo (2006), o neologismo *weblog* surgiu no final dos anos 1990, mais precisamente em 1997, quando o norte-americano Jorn Barger denominou o espaço criado na internet para colecionar e listar *links* que achava interessante.

Considera-se o primeiro *blog* a página *What's new in 92*, de Tim Berners-Lee, que, a partir de janeiro de 1992 passou a publicar informações acerca da World Wide Web. Os *blogs* caracterizam-se por ser um tipo de publicação *on-line* centralizada no usuário e no conteúdo por ele criado e publicado, sem intermédio de outras pessoas nem a necessidade de conhecimento de programação ou *design* gráfico.

A estrutura dos *blogs* segue o seguinte padrão:

- anotações *(posts)* sobre determinado tema ou assunto ordenadas por uma cronologia que vai da publicação mais recente para a mais antiga;
- cada publicação conta com um *link* permanente, o que facilita sua conexão com *sites* externos;
- as publicações são arquivadas de forma cronológica (meses ou anos) e por temáticas ou categorias, facilitando as buscas internas sobre determinado assunto;
- há um *blogroll*, espécie de conexões com *sites* ou *blogs* recomendados, referência pessoal (*about*) que funciona como uma forma de apresentação, além do título e descrição do *blog*.

A história dos *blogs* também pode ser dividida em fases: na primeira, eles serviram como um "diário virtual". Internautas utilizavam esse tipo de página para falar sobre o cotidiano; no segundo momento, foram utilizados por corporações para informar sobre determinados produtos, divulgar lançamentos, reforçar a marca e gerar uma maior proximidade com o público de forma geral; na terceira fase, os *blogs* passaram a ser categorizados por temas, e nesse momento surgiram os *blogs* de cunho jornalístico, dando início ao chamado jornalismo cidadão ou jornalismo colaborativo.

Os *blogs* de cunho jornalístico funcionaram inicialmente como reverberadores dos assuntos comentados pela mídia, ou seja, postavam-se matérias veiculadas em diferentes canais acrescentando-se, em alguns casos, considerações sobre o assunto. Posteriormente, os *blogs* assumiram o papel de fontes para pauta do jornalismo diário; isso era porque o blogueiro não estava atrelado a nenhuma redação jornalística, produzindo matérias ou comentando sobre os assuntos que são relevantes para a comunidade e que, geralmente, não são noticiados pela mídia tradicional.

Um dos principais fatos que contribuiu para que surgisse essa nova proposta de *blogs* foi o ataque ao *Word Trade Center*, em 2001, em que vários usuários utilizaram a blogosfera para expor, traduzir em palavras aquilo que muitos vivenciaram por estar próximo ao local quando o fato aconteceu.

De acordo com Recuero (2003), foi na guerra do Iraque que os *blogs* de cunho jornalístico passaram a chamar atenção e ganhar certa notoriedade, surgindo os *warblogs* que, como o nome sugere, tinha como tema central a guerra iraquiana.

Com o passar dos anos, houve uma expansão dos *blogs* no mundo inteiro. Essas páginas passaram a cativar mais e mais leitores. A esse respeito, Ferrari (2007, p. 31) acrescenta: "pela própria natureza da ferramenta, acaba por expor, exclusivamente, a linha de raciocínio de seu autor, o que tende a personalizar a notícia e atrair, com maior ou menor intensidade, opiniões semelhantes".

Diante da grande quantidade de *blogs* que foram surgindo, alguns autores elencaram características que um *blog* de cunho jornalístico necessita ter, tais como:

- difusão;
- periodicidade;
- abordagem de acontecimentos reais e atuais;
- novidade;

- interesse de um público específico.

Por ser um produto jornalístico, cabe ser feita ainda a verificação das notícias publicadas, levando em consideração aspectos como exatidão, autoridade, objetividade, segurança e atualidade.

Os *blogs* se valem de uma linguagem mais pessoal e, logicamente, mais crítica. Eles permitem que o autor atualize seu material de forma rápida e fácil. As matérias postadas têm nome de artigos ou *posts*.

Expusemos esse histórico para evidenciar que as Novas Tecnologias de Informação (NTIs) fizeram a produção do jornalismo passar por reformulações, revisando a função do jornalista, o que foi potencializado com o nascimento das redes sociais digitais.

3.6
Web e reconfiguração do jornalismo

Nesta primeira fase, em sua grande maioria, os *sites* apresentavam conteúdo estático, e a alimentação das páginas era feita com a apresentação de novas informações; além disso, a produção do conteúdo era feita apenas pelo admistrador. Era uma comunicação unidirecional em que o internauta era apenas o espectador/consumidor do material disponibilizado, não existindo a possibilidade de editar, alterar ou compartilhar esse conteúdo.

Logo, era grande a quantidade de informação disponibilizada para os usuários, mas esta era restrita àqueles que detinham poder de compra, pois, em grande parte, os serviços oferecidos eram pagos e controlados por licença, o que limitava o acesso de serviços e às páginas da *web*.

Paulatinamente, com as mudanças tecnológicas, o crescimento do número de acessos à internet, o aumento da velocidade de banda larga, entre outros fatores, as páginas da *web* tornaram-se mais interativas e acessíveis. Esse foi o prenúncio do surgimento da *web* 2.0, que se desenvolveu na transição das décadas de 1990 e 2000.

O termo *web* 2.0 foi cunhado em 2004 pelo empresário Tim O'Reilly (1954-), dono da empresa O'Reilly Media. A ideia era fazer a *web* sair da fase de publicação para adentrar na fase de **participação**. A *web* passou a ser vista como uma plataforma para desenvolver aplicativos que, quanto mais fossem utilizados, melhores se tornariam graças ao conteúdo colaborativo.

Os modos publicação foram profundamente alterados, bem como a organização das informações, de compartilhamento e a interação entre os usuários. De acordo com Primo (2009), a *web* 2.0 não estava limitada às questões técnicas como oferecimento de determinados serviços ou linguagens específicas, foi também um marco para avanços tecnológicos, estratégias de mercado, bem como processos comunicacionais mediados pelo computador.

Além de oferecer ferramentas colaborativas, gratuidade em grande parte dos sistemas oferecidos, facilidade na utilização do *e-commerce* e utilização de *tags* com *links* que remetiam a outras páginas com o mesmo tema; outras grandes e importantes mudanças foram proporcionadas, como atualização quase que instântania de conteúdos, navegabilidade mais ágil, criação de páginas pessoais, como os *blogs*, além de desenvolvimento de aplicativos que funcionam *on-line* e *off-line*.

Nessa fase, o internauta é motivado a abandonar a passividade de apenas receber informação e conteúdo adotando um papel colaborativo. Ele pode contribuir *on-line* na criação e no compartilhamento de conteúdo, informação e conhecimento através de plataformas como a Wikipédia ou das redes sociais que começaram a surgir.

Assim, com as transformações promovidas com a *web* 2.0, a internet transformou-se em uma extensão do computador pessoal por meio da qual o usuário pode enviar, editar e armazenar suas informações em espaços ilimitados de armazenagem. Entre as principais mudanças está o formato de circulação das informações, ou seja, o conteúdo que antes era apenas consumido pelos internautas, agora também pode ser produzido por ele. O internauta de mero consumidor passa a ser também produtor (*prosumer*). Assim, a produção e a divulgação de conteúdo foi descentralizada, não estando somente sob domínio das grandes empresas produtoras de informações e conteúdo.

Sendo uma das tecnologias que mais têm se expandido desde sua criação, a *web* oferece uma grande quantidade de opções, facilidades e comodidade para o usuário realizar diferentes projetos e tarefas. Com o intento de continuar organizando a gigantesca quantidade de informações oferecidas na rede, em 2006 foi lançada a *web* 3.0 ou *web* semântica, considerada por muitos uma extensão da *web* 2.0.

Idealizada por Tim Berners-Lee (1955-), a *web* 3.0 visa recuperar dados nas páginas que estão na rede. Esse estágio caracteriza-se como uma *web* colaborativa em tempo real, pois os dispositivos e aplicativos especializados e personalizados passam a interagir mediante uma infraestrutura de dados da internet. Nela, há troca de informações e certas atividades comuns dos internautas são automatizadas e convivem com as ferramentas disponibilizadas pela *web* 2.0.

Graças aos metadados, os internautas e os computadores trabalham em cooperação na exploração da informação e conhecimento. Isso é possível por causa do desenvolvimento da tecnologia e das linguagens, o qual permitiu que o que fosse publicado na internet pudesse ser interpretado pelas máquinas. Assim, tornou-se possível realizar pesquisas complexas com resultados bastante refinados e próximos ao que o usuário deseja encontrar.

Isso foi viabilizado pelo fato de a *web* 3.0 se basear na metalinguagem XML (Extra Markup Language – Linguagem de Marcação Recomendada), a qual permite que o autor de conteúdo personalize segundo suas preferências o que é publicado por meio de marcações ou *tags*. Esses dados geram metadados que são recuperados graças à semântica. Nessa fase, além da interatividade, ganhou destaque a **personalização**.

Já a *web* 4.0 encontra-se no processo de construção e conta com a inteligência artificial para ajudar o usuário na tomada de decisões. Essa nova fase da *web* também depende da evolução tecnológica, do aumento da banda larga e do acesso dos usuários para o crescimento e aplicabilidade desta nova etapa.

As empresas jornalísticas acompanharam essas fases da *web* no intuíto de melhor aproveitar essa nova plataforma para oferecer seu conteúdo para os usuários, constituindo um longo processo até se alcançar o modelo de jornalismo hoje disponível na rede.

Como relatamos neste capítulo, o nascimento da *web* ocasionou profundas mudanças na vida das pessoas bem como na comunicação, mudando as formas de interação social, e o *modus operandi* de muitas profissões. Desde a década de 1990, o jornalismo vem se reconfigurando, buscando acompanhar e se adequar às constantes mudanças promovidas pelo mundo digital. Tendo como referência os casos de êxito de revistas e jornais americanos e europeus, empresas brasileiras de mídia tradicional também passaram a oferecer conteúdo na *web*.

A primeira empresa no país a atuar na rede foi o Grupo O Estado de S.Paulo, que, em 1995, lançou o *site* da Agência Estado. No mesmo ano, o *Jornal do Brasil* foi o primeiro *site* jornalístico brasileiro e, em seguida, o jornal *O Globo* passou a oferecer a versão eletrônica para os internautas, além dos jornais *Folha de S. Paulo*, *Estado de Minas*, *Diário de Pernambuco*, *Diário do Nordeste* e *O Estado de S.Paulo*.

Em seus primeiros anos, o jornalismo digital, apenas apresentava uma versão *on-line* dos jornais e revistas impressos; após o primeiro impacto "tornou-se claro, porém, que seria necessário adequar o formato do noticiário para atender as especificidades do suporte e para satisfazer o usuário da internet"(Torquato; Bulik, 2005, p. 14). Hoje, há informativos exclusivamente *on-line* que veiculam um novo formato de notícia, onde, por exemplo, o leitor pode acessar várias outras informações em uma única matéria de forma rápida e no conforto de sua casa.

É possível identificar quatro fases do jornalismo feito na rede. No **primeiro momento**, vivenciou-se a fase *repurposing*, ou seja, da transposição e reprodução do conteúdo dos jornais impressos para a internet. A versão digital do periódico era atualizada a cada 24 horas, quando se publicava uma nova edição do impresso. Nessa fase, o que se disponibilizava era a cópia da versão impressa do jornal; logo, não existia uma preocupação de se criar um conteúdo exclusivo para a *web* aproveitando as potencialidades que esse novo meio oferecia.

A **segunda fase**, que coincide com o desenvolvimento técnico da internet, é chamada de *jornalismo semitranspositivo* ou *metáfora*, pois, mesmo mantendo a relação com a versão impressa, a versão digital adota alguns recursos característicos da *web*, tais como *links* que levam o internauta para notícias correlatas e publicadas em diferentes edições. O *e-mail* mostra ser uma possibilidade de comunicação entre o jornalista e os leitores. Em acréscimo, fóruns e debates *on-line* passaram a ser promovidos por algumas empresas jornalísticas; matérias multimídias começaram a ser produzidas e disponibilizadas nos *sites* jornalísticos; e foram empregados hipertextos para possibilitar uma leitura não linear daquele conteúdo. Nessa fase, os jornais digitais ainda seguiam os modelos do impresso e estavam vinculados às empresas jornalísticas que guardavam sua credibilidade conquistada com os jornais impressos que publicavam. A novidade foi a possibilidade de produzir conteúdo interativo com vídeo, áudio, textos e infográficos.

A **terceira fase** do jornalismo digital é a que Mielniczuk (2009, p. 2) define como *web*jornalismo ou jornalismo digital: "São sites jornalísticos que extrapolam a ideia de uma simples versão para a *web* de um jornal impresso e passam a explorar de forma melhor as potencialidades oferecidas pela rede". É conveniente mencionar que esta é a única fase em que jornalismo para a *web* não se vincula a empresas jornalísticas nem a qualquer periódico impresso.

A **quarta geração** do jornalismo digital é marcada pela incorporação do banco de dados e por melhorias na programação do código-fonte. A relação entre a notícia e o internauta é, com isso, aprimorada, já que ele também passa a ser um colaborador na construção da notícia enviando fotos, vídeos e comentários sobre o conteúdo divulgado ou sugerindo novas abordagens sobre determinados temas. Isso foi possível porque, além da própria página, as empresas passaram a criar perfis nas redes sociais no intento de estreitar laços e manter uma maior interação e proximidade com os internautas.

Barbosa (2013) explica que, na **quinta geração** em curso, o jornalismo para web passou a ser feito na interseção com as mídias móveis (especialmente os *smartphones* e *tablets*). Esse contexto é marcado pela convergência jornalística e pelas oportunidades criadas pelos novos processos de produção de conteúdo: sua linguagem, formatos de apresentação, edição, circulação, recirculação, recepção e consumo.

Nesse novo cenário, a lógica não é de dependência, competição ou de oposição entre os meios e seus conteúdos em diferentes suportes, característica de etapas anteriores do jornalismo. A tendência agora é de atuação conjunta e integrada entre os meios, conformando processos e produtos. Há, portanto, **horizontalidade** nos fluxos de produção, edição, e distribuição de conteúdo.

A união com o *mobile* (*tablets* e *smartphones*) contribui para a inovação e a renovação no processo de produção de conteúdo, linguagem, formato de apresentação etc. No jornalismo da quinta geração, o conteúdo é dinâmico; além de texto, oferece vídeo e infográfico para complementar as informações da notícia.

Nessa geração, as mídias móveis reconfiguram a produção e, consequentemente, a publicação, a circulação, a distribuição e a recepção do conteúdo jornalístico para multiplataformas. *Tablets* e *smartphones* também incorporaram os aplicativos (*apps*) autóctones que empregam diferenciais para a composição de conteúdo. Com gramática própria, dinâmicas e modelos de negócio específicos, jornais como *El País, O Globo, O Estado de S.Paulo* e *Folha de S.Paulo* produzem conteúdo voltado especialmentepara essas mídias móveis, os quais permitem interatividade muito maior do que a das páginas eletrônicas.

Esclarecemos que uma fase não elimina a outra; é possível encontrar na internet todos os estágios do webjornalismo aqui citados convivendo harmoniosamente.

O que é

O que diferencia internet, *web* e redes sociais?

Embora muitas vezes sejam utilizados como sinônimos, esses termos diferem entre si.

A **internet** é uma rede mundial de computadores que conecta milhares de pessoas pelo mundo por meio de um computador ou de dispositivos móveis. É a internet que oferece serviços como e-mail,Protocolo para Troca de Arquivos (File Transfer Protocol – FTP)), além da troca de mensagens instantâneas.

A **Word Wide Web**, por sua vez, é uma ferramenta para acessar a internet com o protocolo HTTP que faz essa ligação através do browser (Microsoft Edge, Opera, Mozilla Firefox, Google Chrome, etc.) que, através de *links*, viabiliza o acesso do usuário ao conteúdo buscado.

Já as **redes sociais** são estruturas *on-line* em que diversos tipos de pessoas estão conectados umas às outras, partilhando e compartilhando ideias, arquivos, notícias, fotos e vídeos, por exemplo.

3.7
Internet e mais mudanças

Conforme relatamos nas seções anteriores, com a internet, as pessoas deixaram de ser meras consumidoras de mídia e passaram a ser produtoras, podendo criar e distribuir diferentes conteúdos. Aos poucos, formou-se o jornalismo colabortativo, em que o internauta pode contribuir, não apenas com comentários, mas também com conteúdo (imagem, áudio, vídeo e texto). Isso gerou uma maior interação entre as empresas de comunicação e seus usuários, consumidores.

Com o aumento do uso da internet, os usuários passaram a usar as mídias móveis como *smaprtphones* e *tablets* para produzir conteúdo; isso fez a mídia tradicional perder a hegemonia na produção de notícias. Essa mudança serviu para que as empresas e os jornalistas compreendessem melhor o leitor, atendendo a suas solicitações, produzindo um conteúdo capaz de promover maior identificação entre seus consumidores.

Os efeitos dessas mudanças na indústria do jornalismo em diferentes áreas, como: nos novos formatos de redação, nos novos moldes das notícias, na redução de fronteiras no que se refere aos limites de espaço, e na constituição de um realidade multimídia. Detalharemos cada um desses casos a seguir.

Mudança da redação

Os jornalistas passaram a contar com outras fontes, além dos *releases*, entrevistas e demais fontes tradicionais de informação. A emissão foi descentralizada; por conseguinte, a fórmula emissor-meio-mensagem foi substituída por um modelo em que o agente também é transmissor da informação, possibilitando a pluralidade de vozes no espaço público. A prática do jornalismo colaborativo contribui para que o jornalista busque sempre melhorar a forma como se comunica, investiga e apresenta a notícia com colaboração e engajamento popular.

Os impactos principais da prática colaborativa em uma redação jornalística se fizeram notar especialmente nos seguintes quesitos:

- **Praticidade na publicação e edição do texto**: Como os meios digitais permitem a edição do texto em tempo real, caso o jornalista perceba a necessidade de realizar alguma correção ou alteração na matéria, a retificação pode ser feita a qualquer momento.
- **Multiplicidade de formatos**: Os conteúdos publicados na internet se apresentam em diversos formatos, o que facilita a integração de um áudio, imagem ou qualquer outro tipo de documento enviado pelo leitor que presenciou determinado acontecimento.

- **Interatividade**: O espaço para comentários em *sites* ou nas redes sociais contribui para uma maior interação com os leitores daquela notícia, os quais podem, ainda, produzir conteúdo.
- **Checagem dos fatos**: Diante da grande quantidade de *fake news,* é imprescindível a verificação da veracidade das informações ou dos materiais enviados pelos leitores para que o veículo, portador da notícia, não perca credibilidade.
- **Créditos**: Todo material publicado, seja de leitores ou de assessores de comunicação, deve ser acompanhado de créditos na matéria.

Alterando a forma de notícias

As empresas jornalísticas passaram a produzir materiais para *tablets* e a disponibilizar seus jornais impressos para aplicativos para Android e iOS, como resultado de desenvolvimentos em tecnologias específicas para essas mídias móveis.

Com a inserção desses novos meios, foi preciso rever os modos de criação da notícia. Além de notícias produzidas para serem lidas em dispositivos móveis, verifica-se uma mídia emergente entre os *gadgets* jornalísticos, mais especificamente, o relógio inteligente (*smartwatch*). Com telas bastante pequenas e sensíveis ao toque, esses computadores de pulso funcionam como uma versão reduzida do *tablet* e do *smartphone* que permite, além de monitorar os batimentos cardíacos, fazer ligações telefônicas, receber notificações de recebimento de mensagens e acessar as redes sociais.

Jornais como o *The New York Times* vêm testando a produção de partículas subatômicas de notícias para esse dispositivo, onde parte das notícias pode ser visualizada de relance (*glance*). No chamado *jornalismo de relance*

(*Glance Journalism*), os usuários da Apple Watch têm acesso a pequenas notícias, unidades atômicas, que vão se completando durante notificações. A CNN e o ESPN também vêm praticando essa modalidade de jornalismo.

Quando foi criado o *app* de notícias do referido jornal, os desenvolvedores formularam também um formato de narrativa (*storytelling*) que simula uma conversa informal do *The New York Times* com o leitor; é como se periódico "falasse" sobre notícias como em um bate-papo.

Vale também comentarmos o o *design* da informação que, a exemplo do *design* gráfico, busca decidir, desenhar e dar uma forma ao conteúdo da informação. Nesse novo contexto, cabe ao *designer* da informação interpretar os dados essenciais para comunicá-los de maneira fluida na interface gráfica. Isso tem o potencial de facilitar o processo das narrativas verticais, bastante presente em reportagens especiais multimídia. O *designer* da informação constrói elementos que encaminham o leitor por caminhos pré-articulados ou que o façam passear pelos elementos da reportagem. Imagens e sons também contribuem para o processo da experiência imersiva (Coates; Ellison, 2014).

Removendo fronteiras

Um dos problemas mais marcantes da mídia impressa é que a área publicada é limitada por páginas. Não existe tal problema no ambiente da internet. Dependendo do assunto, o jornalista pode usar hipertextos com *links* a fim de remeter a outras notícias, estudos, estatísticas, histórias, entrevistas, etc.

Realidade em multimídia

A função mais significativa do jornaliso *on-line* é transmitir as informações instantaneamente. Escritas e audiovisuais, as notícias podem ser veiculadas integradas nas páginas da *web*, oferecendo concomitantemente os recursos de jornal e televisão, redação, som e vídeo em movimento para os internautas.

A convergência das mídias tem modificado os papéis de quem trabalha ou está envolvido nos processos de comunicação. Os dispositivos móveis, como *tablets* e *smartphones*, tiveram um papel bastante importante nesse processo, constituindo uma onipresença das mídias e uma linguagem híbrida.
As ligações entre produtores de conteúdo e consumidores mudaram, e novos *links* surgiram por meio de novas técnicas e, especialmente, novas tecnologias.

Agora, os fluxos de informação e comunicação não são demarcados; pelo contrário, eles foram e são ampliados, não havendo limitação geográfica, como ocorreu durante muito tempo com as mídias tradicionais. Com a revolução digital, na era da conexão, tudo se torna compartilhável e expandido.

Com todas as mudanças proporcionadas pela tecnologia, os fluxos de informação de todas as naturezas são espalhados por e em várias plataformas; não ficam mais limitados a um tipo de mídia.

Essas e outras mudanças contribuíram para o nascimento e o fortalecimento da chamada *cultura participativa*, bem como para a valorização do internauta na atividade. Essa prática da participação ganhou bastante força e visibilidade com as redes sociais digitais (sobre esse assunto, trataremos mais adiante).

A popularização e o aumento do uso de dispositivos móveis, somados à convergência das mídias, influenciaram fortemente o processo de transformação das mídias tradicionais. Não apenas a mídia impressa, mas também a radiofônica e a televisiva tiveram de se adequar às evoluções tecnológicas advindas com a internet e a *web*. Além de produzir conteúdo para essa plataforma, a mídia tradicional precisou compreender a dinâmica e o fluxo dessa nova plafaforma.

Jenkins, Green e Ford (2014, p. 24) definem como *cultura participativa* "uma variedade de grupos trabalhando na produção e distribuição de mídia para servir ao seu coletivo interesses". Dessa feita, os consumidores que antes eram indivíduos aglomerados e isolados passaram a estar socialmente conectados (Jenkins, 2009).

A participação na internet é potencializada e não é limitante como nas páginas dos impressos ou o tempo cronometrado da TV. As telas são expandidas com linguagens transmidiáticas.

Jenkins (2009) advoga que os novos meios não vieram para substituir os antigos, mas para modificá-los. As chamadas "mídias tradicionais" ou "mídias *off-line*" vêm buscando se adequar a essas mudanças, sendo mais céleres, transparentes e interativas para conseguirem sobreviver. Como mostramos até aqui, o processo de mudança digital chegou no jornalismo e esse continua se adequando e se mantendo presente nas mais diversas plataformas e suportes. Uma das modalidades mais novas é o **jornalismo de dados,** método de produção digital de notícias que utiliza uma enorme base de dados para produzir conteúdo focado em correlações informacionais, empregando recursos gráficos para tornar mais agradável para os leitores o consumo da notícia.

O processo de digitalização dos documentos e do jornalismo contribuiu para a incorporação das bases de dados no ofício dos profissionais da imprensa. O jornalismo guiado por dados (JGD), ou apenas jornalismo de dados, pode ser compreendido como:

> aquele produzido com dados, os quais podem ser gerados e disponibilizados por uma diversidade de fontes públicas e privadas – inclusive as próprias organizações jornalísticas do mainstream – e podem estar estruturados em sua forma mais bruta, comum, em planilhas Excel, ou mesmo publicados segundo padrões de design e formatos diversos para a narrativa jornalística que tiram partido de recursos variados para a melhor apresentação e compreensão do leitor/usuário, do público. (Barbosa; Torres, 2013, p. 153)

Além dos dados disponibilizados por instituições públicas e privadas, com a ajuda da internet, também é possível coletar dados nas redes sociais, os quais podem embasar as reportagens e contribuir para definir perfis de comportamento e de consumo, possibilitando um melhor direcionamento dos conteúdos produzidos. Dessa forma, além de jornalistas, o jornalismo de dados conta com profissionais de outras áreas como das ciências da computação, da matemática, da estatística e do *design*.

O *big data* contribui muito para essa nova modalidade de jornalismo, pois ajuda a identificar os principais assuntos que o público do jornal prefere apenas observando o engajamento ao mensurar a quantidade de curtidas e compartilhamentos, por exemplo. O *big data* também pode ser utilizado na produção de reportagens recorrendo-se a informações estatísticas obtidas via dados. Em uma definição bastante clara sobre o que vem a ser *big data*, Rodrigues e Dias (2016, p. 224-225) afirmam ser "um grande volume de dados complexos que podem ser processados por sistemas informáticos com grande capacidade de processamento". A ação de quantificar e dar um significado aos dados obtidos no processo de *big data* é chamada de *datafication* (dataficação), que pode, por exemplo, aparecer nas reportagens em forma de infográficos. Os processos viabilizados pela quantidade exponencial de dados gerados pelo *big data* e que podem ser transformados em informações são categorizados por Marr (2016) em 5 Vs.

1) **Volume**: Diz respeito à quantidade de dados gerados a cada segundo e em diferentes formatos e plataformas digitais que, além de armazenados, podem ser utilizados de diversas formas para diferentes fins.
2) **Velocidade**: Refere-se à quantidade de dados que são gerados em rede, bem como à celeridade com que se movimentam.
3) **Variedade**: Relaciona-se com tipos de dados analisados, utilizados e arquivados.
4) **Veracidade**: Corresponde à confiabilidade ou não dos dados.
5) **Valor**: Consiste na capacidade que os profissionais têm para transformar esses dados em algo concreto, valorativo.

Rodrigues e Dias (2016, p. 234) alertam sobre os desafios que o *big data* impõe aos profissionais e, mais especificamente, aos jornalistas:

> O Big Data está localizado em um panorama emergente que pode trazer novas implicações para a sociedade contemporânea aliado ao potencial para a gestão de informações digitais. Esse movimento em emergência se comporta em uma lógica de

inovação e velocidade que tende a dinamizar as experimentações de modo contínuo.

É importante para os profissionais que desejam investir em jornalismo de dados: desenvolver uma sistemática para otimizar o tempo de pesquisa e análise dos dados; saber operar *softwares* de automatização; trabalhar com *hyperlinks*; lidar com densidade informativa e temática; operacionalizar conteúdo de banco de dados. Esses conhecimentos e habilidades ajudam a construir reportagens completas, multifacetadas e relevantes. Em acréscimo, oferecem mais credibilidade ao conteúdo jornalístico, principalmente neste momento em que todos podem publicar informação nas redes sociais e vivem rodeados de *fake news*.

Ao trabalhar com mineração de dados, cabe ao jornalista guiar-se por princípios éticos e conhecer a Lei n. 13.709, de 18 de agosto de 2018, e conhecida como Lei Geral de Proteção de Dados (LGPD) (Brasil, 2018).

Síntese

- A tecnologia exerce importante papel no processo de mudança na sociedade.
- Nos últimos anos, o desenvolvimento tecnológico tem focado mais na produção do conteúdo.
- As novas tecnologias de comunicação e informação redefiniram os modos de comunicar, bem como contribuiram para a configuração de novos tipos de usuários.
- Ubiquidade e hipertextualidade são duas das várias características decorrentes do aprimoramento tecnológico da humanidade.
- A revolução tecnológica originou a cultura participativa na internet.

Questões para revisão

1) A liberação comercial da internet, no início dos anos 1990, desencadeou uma das maiores revoluções culturais da história. Grande velocidade e armazenamento de dados sem destinação são fatores dominantes em todas as áreas da mídia digital, o que facilita a participação do usuário. Acerca das novas tecnologias resultantes desse processo, é correto afirmar que:
   a) não revolucionaram o cotidiano das pessoas nem afetaram o jornalismo tradicional; por isso ele continua existindo.
   b) alteraram várias práticas profissionais, bem como as relações entre as pessoas.
   c) promoveram pequenas inovações nas áreas de transporte, meteorologia, medicina e comunicação.
   d) não estão abertas ao uso bidirecional, não alterando a forma de emissão da informação.

2) Os *blogs* permitiram aos cidadãos com acesso à internet produzir seus próprios jornais. Esse recurso distancia essa ferramenta das mídias tradicionais dos séculos XIX e XX, como o jornal impresso, o rádio e a televisão, por possibilitar a divulgação de textos sem a interferência de um editor, sem corte de caracteres por limitação de espaço físico ou de tempo, e sem a:
   a) busca por cliques e por audiência, com o apelo a questões muito comentadas pela sociedade e à vida pessoal de famosos.
   b) pertinência e a lógica da argumentação, presentes em textos opinativos, chancelas necessárias para atestar a credibilidade da informação.

c) oscilação financeira própria de empresas de comunicação, nas quais o texto jornalístico é retirado das páginas para dar espaço à propaganda.
d) preocupação em tornar público um fato, uma denúncia ou mesmo o cotidiano de famosos, inquietação presente nos demais meios.

3) No ambiente *web*, diferentemente da mídia impressa, não há limite para o tamanho dos textos e o redator pode manter tudo o que considera ideal para o internauta, oferecendo, assim, um conjunto de dados mais amplo que o de outros meios de comunicação. Essa característica do ambiente *web* é conhecida como:
a) não linearidade, quando existem múltiplas ligações entre blocos informativos, com liberdade total para o internauta escolher como navegar.
b) usabilidade, quando há facilidade na leitura criada pelo editor do conteúdo, possibilitando, por exemplo, que o conteúdo seja adaptável a diferentes tamanhos de tela.
c) linearidade, quando o usuário é conduzido para uma leitura de acordo com os critérios definidos pelo jornalista, o que lhe permite compreender melhor o conteúdo.
d) visibilidade, quando o internauta consegue perceber as múltiplas possibilidades de navegação pelo conteúdo e compreende que aquele *link* o levará a outro tipo de informação.

4
Prossumidores

Conteúdos do capítulo

- Convergência das mídias e transformações decorrentes.
- Internet e sociedade colaborativa.
- Importância da tecnologia para o surgimento de um novo tipo de consumidor.
- Influência dos prossumidores por meio da cocriação.

Após o estudo deste capítulo, você será capaz de:

1. detalhar o papel do *prosumer*;
2. diferenciar *prosumer* de *produser*;
3. identificar as mudanças socioeconômicas e culturais promovidas pela cultura de convergência e pela cultura de participação;
4. delimitar a importância do prossumidor nas novas reconfigurações mercadológicas.

As novas tecnologias de informação e comunicação (NTICs) vêm crescendo de forma vertiginosa desde que a internet difundiu-se mundialmente, na década de 1980, passando a fazer parte do cotidiano coletivo, a encurtar espaços e a abrir fronteiras, o que possibilitou a interação entre usuários e empresas de diferentes países. Disso resultaram novas formas de consumo, que permitiram delinear novas relações entres pessoas, entre empresas e entre empresas e pessoas. Como salienta Castells (2003, p. 49), "não seria fantasioso dizer que a Internet transformou as empresas do mesmo modo, se não mais, que as empresas transformaram a Internet".

Além de se consolidar como essencial meio de comunicação e informação, a internet converteu-se em espaço para compartilhamento de ideias, para manifestações culturais, originando uma cultura participativa marcada por uma inteligência coletiva que, então, fez surgir os **prossumidores** (*prosumers*), isto é, pessoas que, por meio da produção e do compartilhamento de conteúdos, tornam o ciberespaço mais participativo e colaborativo.

4.1
Cultura da convergência

Com a chegada da internet, os papéis de espectador e consumidor sofreram alterações, adquirindo novas dimensões a ponto de remodelarem as dinâmicas sociais, econômicas e políticas. Jenkins (2009) afirma que a função desses sujeitos no processo comunicativo é tão imprescindível que ocasionou um novo fenômeno, denominado *convergência social e cultural*.

É válido destacar que o "profeta" da convergência foi Ithiel de Sola Pool (1917-1984), que, em 1980, explicou como esse conceito teria um poder transformador no âmbito das indústrias midiáticas. Ele já percebia a convergência como único meio físico capaz de dinamizar serviços que, no passado, eram oferecidos separadamente. É factível conceber a convergência como um processo de transformação tecnológico, mercadológico, social e cultural, que está ligado ao fluxo de histórias, imagens e sons nos diferentes suportes midiáticos.

A convergência também ocorre com a fusão contínua de empresas de mídia. Entre os sinais de produção e consumo de mídia, emerge uma cultura de convergência global, cujos fundamentos são a **participação** e a **interatividade**, que residem no engajamento entre pessoas e mídia, no contexto da mídia como negócio, assim como entre profissionais e fabricantes de mídia amadores.

O que é

A **interatividade** pode ser compreendida como a interação entre usuários ou entre usuário, programas e conteúdos, em diferentes níveis ou formas, nos sistemas de comunicação digital em rede.

Como define Jenkins (2009, p. 37), a convergência é

> tanto um processo corporativo, de cima para baixo, quanto um processo de consumidor, de baixo para cima. [...] Empresas de mídia estão aprendendo a acelerar o fluxo de conteúdo de mídia pelos canais de distribuição para aumentar as oportunidades de lucro, ampliar mercados e consolidar seus compromissos com o público. Consumidores estão aprendendo a utilizar as diferentes

tecnologias para ter um controle mais completo sobre o fluxo de mídia e para interagir com outros consumidores. [...] estão lutando pelo direito de participar mais plenamente de sua cultura. [...] Às vezes, a convergência corporativa e a convergência alternativa se fortalecem mutuamente, criando relações mais próximas e mais gratificantes entre produtores e consumidores de mídia.

> Para uma compreensão mais abrangente da cultura de convergência, portanto, é crucial correlacionar a integração multimídia a uma maior inclusão do consumidor no processo de produção e inovação de produtos de empresas de mídia.

Na verdade, têm sido enfatizadas e aceitas em todas as indústrias culturais a função de cocriador da mensagem da mídia assumida pelo usuário/consumidor e a importância da publicação em formato *crossmedia*. Esse formato, também conhecido como *marketing 360*, refere-se à distribuição de serviços, experiências e produtos em plataformas *on-line* e *off-line*).

Entre criativos e gerentes de marca em agências de publicidade, o foco tem recaído na **publicidade interativa**, que pode ser definida como a apresentação e a promoção – empreendidas por consumidores e produtores – pagas e não pagas de produtos, serviços e ideias.

No âmbito jornalístico, empresas vêm a cada dia integrando o chamado **jornalismo cidadão** (ou *colaborativo*) em seus *sites*, permitindo que o público responda, comente e envie suas próprias notícias em texto, áudio e vídeo (prática comum em *sites* como o G1).

O formato de notícias com mídias convergentes (multimídia) tem-se definido desde meados de 1990, com empresas optando por alguma forma de cooperação ou sinergia *cross-media*. Nessa direção, *sites* de notícias participativos provêm de instituições e organizações com uma forte agenda de **serviço público** ou uma conexão com comunidades locais ou de interesse claramente definidas. Ademais, podem ser geridos por organizações de notícias comerciais que observam nessa maneira de fazer jornalismo uma clara vantagem em um mercado cada vez mais competitivo.

Nessa conjuntura, há ainda as enciclopédias coletivas, como a Wikipédia, e as plataformas de mídia social, como o YouTube, com seu conteúdo gerado pelo usuário, que ilustram como um indivíduo pode atuar, simultaneamente, como consumidor e produtor. Em sua interação com o conteúdo de mídia, os consumidores de hoje assumem os papéis de tradutores, multiplicadores e avaliadores, para citar apenas alguns dos que lhes atribuem Jenkins, Ford e Green (2014).

Além da maior participação dos consumidores na produção de conteúdo midiático, Jenkins, Ford e Green (2014) identificam uma tendência à recepção comunitária em **comunidades temporárias de conhecimento** e uma maior relevância da **inteligência coletiva**, um desenvolvimento que os autores descrevem como uma transição do consumo individual para o consumo em rede.

A formação dessas redes tem um potencial democrático, o qual, como adverte Jenkins (2009), não é o resultado automático dos avanços tecnológicos associados à convergência e à cultura participativa, mas um processo de luta constante. Embora a cultura de convergência, teoricamente, possibilite a participação de todos e a liberdade de expressão, alguns sujeitos ainda não têm acesso pleno à tecnologia, tampouco alfabetização midiática para isso, o que impede o uso igual de redes de comunicação no seio das culturas. Logo, ao se discutir *convergência* e *cultura participativa*, é fundamental lembrar que esses termos (cujo teor é relativo, e não absoluto) descrevem uma disseminação mais ou menos global, mas que (ainda) não é universal.

Na sequência, focalizaremos um dos protagonistas do processo de convergência: o *prosumer,* ou prossumidor.

4.2 Prossumidor

Até pouco tempo, a noção de interatividade diferia-se bastante da atual. Antes, entendia-se o receptor da mensagem como um sujeito passivo, que consumia as informações sem exercer nenhum tipo de influência no processo. Até o final do século XX, as poucas formas de interatividade com a mídia estavam nas chamadas ao vivo em algum programa radiofônico ou televisivo, na participação em concursos ou quando se enviava uma carta pelos correios à emissora de comunicação. Esse cenário foi, como examinaremos nesta seção, radicalmente redesenhado.

A chamada *pós-modernidade* é marcada por grandes transformações estimuladas pelos meios de comunicação e pelos avanços tecnológicos, criando e reforçando valores e comportamentos até então inéditos. A base dessa sociedade em rede é o relacionamento inerente entre sistema e pessoas, as quais não se contentam mais com a separação entre produtores e receptores de informação. Nesse cenário, as NTICs facilitam o acesso à informação, e os indivíduos têm mais autonomia sobre esse processo. Outrossim, essas ferramentas proporcionam convergência, mobilidade, instantaneidade, conectividade e interatividade.

Contemporaneamente, a vida se processa de modo mais célere, e os meios de comunicação tradicionais tiveram de se adequar a essa realidade. Assim, as empresas têm adotado outras formas de se comunicar e se desenvolver, assim como acontece com as trocas simbólicas e de mediação. Ademais, a cultura de massa foi cedendo espaço para a cultura da participação e a inteligência coletiva. Nessa história, um ator bastante importante redefiniu a lógica do mercado: o prossumidor.

O termo *prossumidor* (ou *prosumer*) é a junção de duas palavras, *produtor* e *consumidor*, e representa perfeitamente os milhões de participantes, agora concomitantemente consumidores e produtores de conteúdo, da revolução iniciada pela *web* 2.0. O termo surgiu na década de 1980, quando o pesquisador Alvin Toffler (1928-2016) publicou *A terceira onda*, a primeira de uma trilogia sobre as mudanças e as revoluções em curso no mundo.

De acordo com Toffler (1980), a história da humanidade caracteriza-se por três mudanças (as ondas) fundamentais. A primeira concerne à prática da **agricultura**, iniciada na pré-história e que se tornou setor da economia predominante até o século XVII. A agricultura logrou satisfazer as necessidades básicas dos sujeitos, ou seja, trabalho, lazer, informação, entre outras. A segunda está atrelada à **Revolução Industrial** na Europa, que conferiu outro ritmo à vida humana em todo o globo, tornando a máquina a nova companheira de trabalho dos homens. Nessa conjuntura, aos poucos, organizaram-se os centros industriais. Já a terceira originou-se nos Estados Unidos, em 1950, e está relacionada às inovações tecnológicas, como o uso do computador. Segundo Toffler (1980, p. 15), essa onda "é para os que acreditam que a história humana, longe de terminar, está apenas começando".

Antes de discorrermos mais sobre a **terceira onda**, é pertinente enfatizarmos que uma onda não elimina a outra, elas coexistem. Contudo, devido às reordenações que ocasionam na sociedade, umas obtêm mais destaque que outras.

O referido autor divide a terceira onda por esferas, isto é, princípios dinâmicos que desencadeiam mudanças tecnológicas e anti-industriais, quais sejam: tecnoesfera, socioesfera, infoesfera e psicoesfera.

As esferas social e psicológica são mediatizadas pela evolução científica e tecnológica, a tecnoesfera, ao passo que os processos comunicacionais e informacionais estão ligados aos sistemas computacionais. Nisso, os usuários beneficiam-se do processo de difusão do conhecimento, agora apreendido via novos meios e canais.

Antes mesmo de a internet emergir com força total, Toffler (1980) fez referência à mudança que ela causaria, bem como caracterizou o novo tipo de espectador/consumidor típico dessa conjuntura. Segundo o autor, o comportamento desse ator social não se reduziria a assistir a algum programa, ouvir ou ler uma notícia; em verdade, ele remeteria à participação ativa na construção das mensagens, o que permitiria exercer direitos e autonomia sobre o que consumir. Sobre isso, Toffler (1980, p. 272) acrescenta:

O que nós vemos é um padrão que corta caminho em muitas indústrias – inclusive externalização, aumentando o envolvimento do consumidor em tarefas outrora feitas para ele por outros e mais uma vez, por conseguinte, ocorre a transferência da atividade [...] do setor de troca para o setor de prossumo.

Logo, os consumidores comuns influenciariam a concepção e a entrega de bens e serviços, previsão esta já confirmada.

A mídia social fez surgir o **cliente social**, a personificação do *prosumer*, que usa *sites* de redes sociais como recursos vitais para o compartilhamento e o consumo de informações sobre produtos e marcas. Agora, as redes sociais também servem como ótimo canal para opinar sobre empresas, serviços, política etc.

Para Toffler (1980), o prossumidor seria um libertador da humanidade, a pessoa cuja engenhosidade mediada pela tecnologia alcançaria novos patamares de criatividade e autossuficiência, superando a alienação e forjando um mundo melhor. Por meio do uso generalizado de computadores em rede e de robótica sofisticada, o consumo se tornaria, conforme anteviu o pesquisador, cada vez mais integrado com a produção, a distribuição e a troca, o que deslocaria o poder sobre a produção para as mãos de pessoas comuns. A industrialização em massa e o consumo, ainda, seriam eclipsados pela autocustomização liderada pelo híbrido produtor-consumidor.

O prossumidor é, portanto, o resultado e o agente de uma nova civilização. Ao contrário do passado agrário da humanidade (a primeira onda) ou da era industrial mais recente (a segunda onda), uma sociedade totalmente aprimorada, aquela na qual os indivíduos têm o poder de suprir suas necessidades e seus desejos pessoais, emergiria na terceira onda.

A segunda onda, para o autor, foi construída em torno da produção da fábrica e do Estado-nação, ou seja, em função de princípios como padronização, especialização enfatizada estrutural e ideologicamente, sincronização, concentração, maximização e centralização. Com a terceira onda, isso se desintegraria. A sincronização, por exemplo, diminuiria, e as tecnologias flexibilizariam o horário das atividades de lazer.

> Muitos dos mesmos dispositivos eletrônicos que usaremos em casa para fazer trabalho remunerado também tornarão possível produzir mercadorias ou serviços para nosso próprio uso. Neste sistema o prossumidor, que dominou as sociedades da Primeira Onda, será trazido de volta ao centro da ação econômica – mas numa Terceira Onda, em base de tecnologia. (Toffler, 1980, p. 275)

O prossumidor constituiu-se, então, em um agente central do progresso histórico, refletindo e gerando "a primeira civilização verdadeiramente humana em história registrada". (Toffler, 1980, p. 11). Nesse sentido, a liberdade é conceituada como a do indivíduo na condição de produtor e consumidor que exerce, de fato, suas capacidades.

Na terceira onda, conforme Toffler (1980), os proprietários individuais produziriam seus bens próprios e serviços para empresas por meio de acordos contratuais pagos e, também, de contratos não remunerados envolvendo algum tipo de reciprocidade com outros *prosumers*.

Assim, um dos pontos-chave apresentados na obra do autor é a queda do modelo padronizado de "tamanho único" da sociedade industrial: a produção em massa seria, então, substituída pela customização em massa em áreas como produção, mídia e educação. Isso significa que, em uma sociedade pós-industrial e pós-moderna na qual tudo foi produzido em massa e refeito mil vezes antes, a nova fronteira é a customização em massa, e quem produziria melhor esse conteúdo especializado do que os próprios consumidores (*prosumers*)?

Exemplo prático

São exemplos de prossumidor os *instagrammers* e os *youtubers*, isto é, pessoas que consomem conteúdo em múltiplas telas, mas também produzem material para outrem, ativando uma dupla via no processo de recepção e transmissão de informação.

De acordo com Kozinets (2007, citado por Fonseca et al., 2008), consumidores identificam-se com outros de determinado grupo. Coletivamente, eles desenvolvem uma cultura de consumo que inclui, além da produção de imagens, textos e objetos, a construção de práticas coletivas e individuais, de identidades e de conceitos.

O fato de os prossumidores estarem envolvidos ativamente na criação de valor e benefício para consumo alinha-se à ideia de que os consumidores personalizam seu próprio mundo; nessa conjuntura nova, eles não destroem valores, mas formulam novos, estando comprometidos em várias ações sociais, interpretativas e produtivas, que culminam, por sua vez, em produtos, símbolos e benefícios emocionais. Fonseca et al. (2008) elencam 12 características desses atores tão importantes da cultura participativa, a saber:

1) **Criam seu próprio estilo de vida**: São pessoas proativas e que se sentem no controle da própria vida. Dominam a tecnologia, dão dicas e palpites de todas as fontes e vivem de acordo com suas necessidades.
2) **Não se deixam prender por estereótipos**: Não se deixam limitar a rótulos ou lugares. Buscam criar padrões de comportamento e não cedem a pressões ou padrões sociais.
3) **Fazem escolhas inteligentes**: Usam os dispositivos tecnológicos para se comunicar com sua rede de contatos à procura do melhor para alcançar seus interesses. Sempre bem informados, demonstram fazer escolhas que vão além do que sabem sobre marcas e produtos, analisando sempre as consequências e os benefícios de cada decisão.
4) **Abraçam a mudança e a inovação**: São os primeiros a adotar as novas tecnologias, desde que essas novidades acrescentem valor.
5) **Vivem aqui e agora**: Vivenciam o presente na certeza de que detêm aquilo que precisam para lidar com o que vier e quando vier.
6) **Estão conectados e interagem**: Como têm a habilidade de se informar independentemente do tempo e do espaço em que estão, apresentam grande capacidade de influência.
7) ***Prosumers* se valorizam**: Têm elevada autoestima e vivenciam momentos de autoindulgência.
8) **Escolhem o *design***: Buscam colocar pensamento, estilo e assinatura em tudo o que fazem e escolhem, pois customizam os produtos e os serviços por meio da cooperação com as empresas.
9) **Preocupam-se com a saúde**: Questionam médicos e sempre buscam uma segunda opinião.

10) **Valorizam o que funciona**: Sua maior preocupação são os resultados das ações, e não os esforços para alcançá-los.
11) **São árbitros das marcas**: Não são fiéis às marcas e julgam os produtos segundo o que lhes podem proporcionar.
12) **Querem saber como fazer**: Gostam de aprender e compartilhar o que estudam com outras pessoas.

Para Karhawi (2016), o influenciador digital sempre existiu. Na verdade, ele apenas se adequou às mudanças e recebeu novas designações, como *prossumidor*, *produtor-consumidor* e *curador de informação*.

Existem três pressupostos importantes para a construção de um capital social nas redes socais, que são (Recuero, 2008):

1) **Reputação**: Referente à impressão que alguém delineia de outros atores.
2) **Popularidade**: Concernente ao ator em sua rede; quanto maior o número de conexões que ele estabelecer, maior será sua popularidade.
3) **Autoridade**: Correspondente à influência do indivíduo.

Dito de outro modo, o conceito de *prosumer* torna menos claras as fronteiras entre produtores e consumidores. Nessa perspectiva, os usuários engajam-se em atividades criativas permanentes, comunicando-se, organizando comunidades e gerando conteúdo. Podem, ainda, fazer *upload* de fotos, postar comentários, encontrar informações no Google etc., o que converte os visualizadores em mercadoria.

É pertinente salientar que, por meio das práticas e intuitivas tecnologias emergentes, os usuários executam diversas atividades, as quais geram, com grande eficiência, dados valiosos para empresas com interesses comerciais. Assim, embora os prossumidores sejam o público de maior poder no espaço digital, capaz de moldar e controlar esse ambiente, também são tratados como produto.

4.3
O novo consumidor

Publicação em um clique, jornalismo colaborativo e atividades criativas semiamadoras foram as apostas centrais acerca de como a digitalização afetaria as produções da mícia.

As empresas fundadas paralelamente à *web* 2.0 têm integrado componentes participativos em seus planos de negócios. Isso compreende desde fóruns com *feedback* e testes beta até convites para que o público produza, marque e/ou remixe conteúdos. Desse modo, os serviços *on-line* ofertados na *web* 2.0 – como o antigo Flickr e o Instagram (para compartilhar fotos), o Youtube e o Vimeo (para publicizar vídeos), bem como as redes sociais em geral – construíram planos completos com base no conteúdo gerado por seus usuários.

Assim, empresas de *software* transformam clientes em testadores beta e cocriadores de conteúdo, e os departamentos de *marketing* planejam ações interativas em *sites* e campanhas de mídia híbrida para gerar *buzz* em torno de produtos de entretenimento de marca (por exemplo, a trilogia *Batman* e o longa *A bruxa de Blair*, ou séries como *La casa de papel*). As mudanças tecnológicas, culturais e de mercado fizeram dessas táticas uma necessidade, agora invasoras de múltiplas telas dos internautas.

Salzman, Matathia e O'Reilly (2003) afirmam que o *buzz* não é algo recente; na realidade, existe desde quando o ser humano passou a partilhar ideias. É o famoso "boca a boca", agora transposto para as redes sociais, que pode ocorrer de forma espontânea, sem o estímulo de um marqueteiro ou outra pessoa qualquer.

O *buzz marketing* (que constrói uma espontaneidade) e o próprio *buzz* (que induz a uma espontaneidade) dão existência ao "verme" (*worm*). "Essa é uma metáfora irresistível, porque diz bem o que o buzz realmente é: um verme que se insinua na consciência de cada um, deslizando e rastejando pelas comunidades, pela mídia, pelas nossas casas" (Salzman; Matathia; O'Reilly, 2003, p. 39).

O que é

Buzz é uma estratégia de *marketing* que visa aumentar o alcance de uma mensagem, produto, serviço ou campanha, gerando comentários, opiniões e compartilhamentos entre cadeias de consumidores.

Esse "verme" é o responsável pelo fato de a informação (produto ou pessoa) estar em todo lugar. O sujeito não consegue se lembrar de quando e onde ouviu falar do assunto pela primeira vez, mas sabe que todos estão "por dentro" dele. Um exemplo disso são os *reality shows*: muitos nem assistem, mas estão por dentro dos acontecimentos.

No alvorecer da *web* 2.0, foi gestado um novo perfil de consumidor. Esse indivíduo interessa-se largamente por produzir, interagindo (segundo um conjunto de regras coletivas e subjetivas) com grupos que colaboram para criar e veicular uma mensagem ou um produto, dissolvem-se e, ocasionalmente, refazem-se. Esses comunicadores têm a capacidade de influenciar as compras realizadas por outros consumidores, servindo-lhes de referência que alerta sobre o item ou que destaca suas qualidades, e as estratégias mercadológicas adotadas por diferentes tipos de empresas. Logo, é fundamental pensar a fabricação de produtos e conteúdos levando-se em conta a participação desse público.

Assim, a decisão de compra não é mais determinada pelo boca a boca, mas pela internet e pelos diálogos que ela estimula. Pourbaix (2016, citado por Azevedo, 2019) afirma que o prossumidor deseja ser visto como cocriador de determinados produtos e serviços, e não como consumidor passivo. Ciente de seus direitos, ele almeja ser tratado pelos produtores como um igual, isto é, um parceiro comercial. Conforme suas especificidades, esse sujeito integra uma das categorias indicadas no Quadro 4.1.

Quadro 4.1 Variações de *prosumers*

Categoria	Descrição
Não consciente	Envolve-se de modo involuntário e não está consciente de sua colaboração.
Parasita	Não colabora nem se envolve consciente e intensamente, visto que só procura informações sobre produtos quando deseja adquiri-los e, ao fazê-lo, não expõe sua opinião sobre eles em redes sociais, isto é, não dá qualquer *feedback*.
Indeciso	Não colabora nem se envolve consciente e intensamente, porém se mantém informado sobre produtos e serviços por que se interessa, mesmo não os consumindo.
Participante	Colabora e envolve-se medianamente. Faz perguntas para obter informações sobre determinado produto ou serviço.

(continua)

(Quadro 4.1 – conclusão)

Categoria	Descrição
Proativo	Colabora e envolve-se medianamente. Possui ou tem contato com determinado serviço ou produto, compartilha sua opinião sobre eles em *sites*, redes sociais ou fóruns, bem como responde a perguntas publicadas em seus comentários.
Comprometido	Colabora e envolve-se bastante. Apresenta as mesmas características do prossumidor proativo, mas também se dedica a persuadir outros consumidores acerca de dado serviço ou produto.

Fonte: Elaborado com base em Mota; Tome, 2014.

Como reforça Bender (2003, p. 13), "o papel dos consumidores já não é mais somente consumir. Suas expectativas mudaram. São eles agora parte do diálogo – estão engajados no tipo de discurso que antes ocorria muito além de sua esfera de ação".

Um dos fenômenos mais interessantes atrelados à evolução do prossumidor é o processo de cocriação (por exemplo, grupos que desenvolvem *softwares* de código aberto e a mineração de criptomoedas). Nele, os membros de comunidades somam seus saberes e suas habilidades para, com criatividade, inovação, economia de escala etc., produzir conteúdo, atuando ativamente como uma inteligência coletiva. Isso redefiniu as relações sociais e a produção de conteúdo.

4.4
A emergência do prossumidor de conteúdo da *web*

Hoje, mesmo o ato relativamente passivo de recepção é registrado como participação do usuário no ciberespaço.

De acordo com Marques e Vidigal (2018), os *prosumers* apresentam algumas características específicas, a saber: domínio da tecnologia; emprego da tecnologia para comunicar e tomar decisões; conectividade constante; capacidade de persuadir seus pares; busca por valores nas marcas que consomem.

Para que um conteúdo midiático obtenha sucesso entre esses e outros sujeitos deve ser, segundo Jenkins, Green e Ford (2014), espalhável. O internauta precisa sentir algum tipo de emoção ao vê-lo, a ponto de querer compartilhá-lo com outras pessoas. "As pessoas tomam decisões ativas quando propagam mídia, quer simplesmente passando um conteúdo adiante para suas redes sociais, com recomendações no boca a boca, quer postando um vídeo digital no YouTube" (Jenkins; Gree; Ford, 2014, p. 45).

O conteúdo gerado pelo usuário é, assim, um componente vital da *web* 2.0. Os recursos desta já são bastante familiares, quais sejam: entretenimento baseado em redes sociais e necessidades de informação atendidas por meio de mecanismos de busca, *blogs* e wikis. A grande ascensão da mídia construída pelo internauta decorre de um sistema alternativo de produção, que transcende as restrições do capital físico.

Compreender a popularidade das muitas plataformas da *web* 2.0, portanto, significa considerar o que motiva as pessoas a contribuir com seu tempo e energia sem a expectativa de compensação financeira imediata. Algumas possibilidades de resposta são: atenção, reconhecimento e construção de identidade; desenvolvimento de uma comunidade e de vínculos sociais; criação de uma ferramenta útil; ou uma miríade de outras considerações (Jenkins; Green; Ford, 2014).

Nesse contexto, observa-se uma espiral ascendente concernente à quantidade, à qualidade e à diversidade tanto de conteúdos quanto de serviços ofertados aos usuários. Há serviços alicerçados na noção de "faça você mesmo" fornecendo a qualquer usuário com acesso à internet a possibilidade de realizar uma infinidade de atividades e de fabricar itens. Usuários são agora ativos e oferecem subsídios para o excedente cognitivo de que não são mais o alvo, e sim um componente individual que constitui uma coletividade. Shirky (2011) define como **excedente cognitivo** o que é o tempo livre e que serve para compartilhar dados ou colaborar em projetos, como é o caso da Wikipédia.

Para saber mais

PROMETEUS: a revolução da mídia. Produção: Casaleggio. 2015. (5 min. 15 s). Disponível em: <https://www.youtube.com/watch?v=9c700rtxMqg>. Acesso em: 23 fev. 2021.

Para estimular a reflexão acerca das modificações socioculturais provocadas pela internet, vale a pena assistir a esse vídeo. Mesclando ficção científica e dados reais, o filme levanta hipóteses surreais, porém plausíveis, acerca da fusão entre o real e o virtual. O vídeo também traz à tona outras constatações sobre a internet. Um exemplo é o surgimento do prossumidor como agente modificador das relações de comunicação de massa.

Além dos prossumidores, existem os *producers*, que, de acordo com Bruns (2011, citado por Bório, 2014), são sujeitos que dialogam com outras pessoas, tecendo comentários, sugestões e análises. São partícipes do processo de produção grupal; logo, dependem de um agrupamento para agir. Nessa conjuntura, *produsage* é o ato de produção em que o produtor tem motivações corporativas, já o *prosumer* tem interesses com a coletividade.

Saad (2008) explica que as características da *produsage* são diferentes das da produção industrial, quais sejam: envolvimento colaborativo; fluidez dos papéis do processo informativo; uso de artefatos simplificados e disponíveis em rede; resultados de propriedade coletiva, mas com mérito individual reconhecido pelo grupo.

O desejo de compartilhamento em detrimento do consumo, como ato comportamental e sensorial, tendo destaque a característica prossumidora do público, é mencionado por Shirky (2011). Ele afirma que essa emoção inata das pessoas, motivadas não somente pela recompensa financeira, mas pelo intuito de fazerem parte de algo durante seu excedente cognitivo, funda-se na necessidade de ser ouvido, reconhecido e de estar em conexão com seus semelhantes.

Exemplo disso é a fusão entre as atividades de assistir televisão e interagir com outros nas redes sociais, um fenômeno conhecido como *multitelas*. Nesse caso, determinado programa de TV usa redes sociais como o Twitter para promover a discussão sobre o que está em exibição. Dessa maneira, e pela primeira vez na história da televisão, é possível detectar a recepção, os sentimentos, as expectativas, a fidelidade etc. do espectador, que também é consumidor. Trata-se de uma avaliação em tempo real do conteúdo graças à interação que passou a existir entre as mídias tradicionais e as novas. O mesmo acontece quando, em uma transmissão ao vivo pela TV, pode-se twittar ou seguir *hashtags* (indexadores de conteúdo), acompanhando-se o que milhares de pessoas estão pensando sobre o programa.

Primo e Recuero (2003, p. 9) chamam a construção coletiva em espaços interativos de *hipertexto cooperativo* e definem esse trabalho como:

um mesmo texto multisequencial escrito por diversos colaboradores. A cada intervenção, o texto como um todo se altera. Após cada movimento, a produção se mostra diferente aos seus autores. Esse processo coletivo acaba por criar um espaço de debates, mantido através de negociações entre os participantes. Essa dinâmica ganha movimento a partir das modificações que constantemente alteram o escrito e, por que não, os próprios autores. Além disso, com a inclusão de novos *links*, outros caminhos se abrem, e a própria *Web* se expande.

Logo, por meio de uma produção coletiva, subverte-se o modelo de informação das mídias tradicionais.

4.5
Criação de conteúdo pelo usuário

A criação de conteúdo empreendida pelo usuário está transformando a maneira como muitas organizações desenvolvem novos produtos, serviços e conhecimento. As organizações baseadas em serviços, em particular, podem se beneficiar ao alavancar a participação de seus públicos, clientes e cidadãos. Os consumidores de hoje têm uma contribuição muito maior para a criação e disseminação dos produtos e serviços que consomem. O conteúdo gerado pelo usuário na forma de *blogs*, wikis e redes sociais representa um desafio para o papel de monopólio da mídia tradicional na produção, na agregação e na distribuição de conteúdo cultural.
Softwares de código aberto, mundos virtuais e comunidades de compartilhamento de mídia estão na vanguarda de novos modos de inovação liderada pelo usuário que desestabilizam os limites estabelecidos entre produtores e consumidores.

Como apontado por Jenkins (2009, p. 49), em um mundo em que "a produção do conhecimento é coletiva e a comunicação ocorre através de uma variedade de diferentes mídias, a capacidade da rede emerge como uma competência social e cultural essencial".

Usuários participam do desenvolvimento de *software* livre, na extensão e na edição colaborativa da Wikipédia, na construção de mundos comunitários do antigo *Second Life*, e lidam com processos massivamente paralelizados e com a criatividade e a inovação descentralizadas em miríades de comunidades de entusiastas. O conteúdo, as ideias e o conhecimento são produzidos por eles de modo diferente daqueles modos de produção tradicionais e industriais. Os resultados de seu trabalho também retêm apenas algumas das características dos produtos convencionais, embora frequentemente sejam capazes de substituir os resultados dos processos de produção comercial.

A produção de conteúdo conduzida pelo usuário é construída em modelos de desenvolvimento interativos e evolutivos. Em geral, grandes comunidades de participantes fazem uma série de pequenas mudanças na base de conhecimento estabelecida, promovendo uma melhoria gradual na qualidade que pode, no entanto, ultrapassar a velocidade de desenvolvimento do produto no modelo industrial convencional. A criação e o compartilhamento de mídia digital são a parte mais visível das atividades conduzidas pelo usuário, mas outras formas de *design* de produto cidadão atenderam ao desejo das pessoas por bens de consumo personalizados.

Exemplo prático

A marca de refrigerantes Fanta selecionou possíveis influenciadores para divulgar uma nova receita do refrigerante. Toda a campanha Donos da ***** toda foi cocriada por adolescentes aspirantes a influenciadores que enviaram vídeos sobre si mesmos ao lado de embalagens do refrigerante Fanta para um *site* criado para a campanha. Os produtores dos vídeos mais votados ganharam um *media training* e equipamentos digitais (*smartphone* e computador) para colaborarem com a divulgação dos novos produtos da Fanta. Esses adolescentes se tornariam digital *influencers* divulgando, no próprio canal, vídeos produzidos por eles sobre a bebida.

No que tange à imprensa, de acordo com Thompson (2008) os internautas, cada vez mais, têm mostrado sua capacidade de captar e produzir informações e conteúdos simbólicos que vão além da sua rede de contatos diários. Essas novas formas de comunicação aumentam a diversidade de fontes e reduzem o papel da imprensa tradicional e dos meios de massa diante dos novos modos de interação e quadros culturais ampliados.

Nesta sociedade informacional, com uma cultura extremamente participativa e de inteligência coletiva, "ninguém sabe de tudo e todo mundo sabe de alguma coisa" (Lévy, 1998, p. 29).

Conformando-se a essa dinâmica mais participativa e colaborativa, empresas de diversos ramos passaram a desenvolver produtos adaptados aos desejos dos consumidores que são "recrutados" para participar e cocriar produtos e conteúdos.

Nas atividades cotidianas dos espectadores, eles contribuem com o valor cultura (sentimental, simbólico) dos produtos de mídia ao retransmitirem os conteúdos e ao tornarem os materiais valiosos dentro de suas redes sociais. Cada novo espectador que essas práticas atraem para o programa pode, em tese, resultar em um maior valor econômico (intercâmbio) para as empresas de mídia e os anunciantes. (Jenkins; Green, Ford, 2014, p. 161).

Devemos salientar que, para que houvesse uma maior aproximação entre as marcas e as pessoas, novas conexões tiveram de ser criadas, melhorando a comunicação através das mídias digitais. Aos poucos, as marcas passaram a fazer parte do cotidiano das pessoas, tornando-se quase uma amiga, valorizando os consumidores mais ativos, que se transformaram em aliados. Assim, blogueiros, *influencers* digitais, *youtubers*, entre outros, passaram a ser mediadores do consumo, alterando as práticas e dinâmicas do mercado.

Para saber mais

Escute o *podcast* do canal Repertório *Marketing & Talks*, "Prossumidores na era digital", com o consultor da área de *Branding* Alceu Cruz. Nessa fala, faz-se uma reflexão crítica sobre o prossumidor, figura que vem modificando as práticas de consumo na era da informação e impactando as relações entre marcas e consumidores. Cruz apresenta *cases* e discute como as empresas precisam ser participativas, conhecendo o consumidor e o mercado, vislumbrando tendências para os próximos anos e o impacto que tem o prossumidor na transformação digital.

Como abordamos até aqui, aquele modelo em que o público é apenas o consumidor não cabe mais no mundo contemporâneo. Esse público consome, mas também cocriar, interagir, criticar, elogiar, compartilhar, ou seja, espalhar aquele conteúdo para outras pessoas. Para fazer esse compartilhamento o usuário pode copiar, caracterizando a pirataria feita pelo público fã do conteúdo. Todavia, para Jenkins, Green e Ford (2014), os fãs de determinada marca, produto etc., não devem ser vistos como ladrões, mas como trabalhadores voluntários e engajados em divulgar e propagar aquele conteúdo. Por isso, as marcas devem sempre lembrar que seu público quer também fazer parte daquilo que está acontecendo.

4.6
Cultura participativa e de fãs

As novas mídias oferecem oportunidades significativas de *feedback* e participação do público, com o poder de influenciar a criação e o desenvolvimento de obras de ficção contemporâneas, principalmente quando aparecem em episódios serializados. Com o acesso às redes sociais e com plataformas *on-line* que facilitam a criação e a distribuição de paratextos do público, os fãs têm cada vez mais o poder de moldar os mundos ficcionais e a diversidade dos personagens encontrados nas séries de que gostam.

O termo *cultura participativa* está ligado a temas como jornalismo colaborativo, *fandons*, ativismo digital, entre outros, e evidenciam que a participação é uma propriedade da cultura. Com a revolução causada pelas novas tecnologias interativas se tornou possível, além de produzir, registrar e arquivar conteúdos midiáticos. *Fandom* é um termo que designa as práticas coletivas das comunidades de fãs, os quais, ao utilizarem as tecnologias digitais interativas, compartilham conteúdo e interesse próprio por determinado programa ou personagem.

Conforme temos relatado, a cultura participativa alterou a relação das pessoas com os meios de comunicação; agora, os consumidores são partícipes na produção de novos produtos e conteúdos. Os fãs, em específico, são consumidores que também criam, leitores que também escrevem e espectadores que também atuam (Jenkins, 2009).

O autor afirma que a convergência, que possibilita uma cultura da participação, proporciona uma mudança industrial, tecnológica e cultural, podendo ser rastreada no fluxo de conteúdo entre múltiplas plataformas de mídia e no comportamento migratório dos públicos de mídia que seguirão esse conteúdo. O público é encorajado a buscar novas informações e a fazer conexões entre o conteúdo de mídia dispersa. O conteúdo disperso pode, por exemplo, ser encontrado em várias fontes *on-line* e *off-line*, ambas geradas por fãs e provenientes do mercado de mídia de massa.

A cultura de convergência implica um processo de consumo coletivo que também envolve comunicação sobre o produto consumido. Como assinala Jenkins (2009, p. 30),

> a convergência não ocorre por meio de aparelhos, por mais sofisticados que venham a ser. A convergência ocorre dentro dos cérebros de consumidores individuais e em suas interações sociais com outros. Cada um de nós constrói a própria mitologia pessoal a partir de pedaços e fragmentos de informações extraídos do fluxo midiático e transformados em recursos através dos quais compreendemos nossa vida cotidiana.

O conceito de fã está sempre ligado a consumo ativo, pois o engajamento desse ator se manifesta em diferentes formas de intervenção no que consome e com diferentes graus de envolvimento com os conteúdos. Os fãs decidem onde, quando e como os conteúdos serão consumidos, podendo ser formadas comunidades que produzem o próprio conteúdo a partir do material já existente. Podemos citar como exemplo os fãs de sagas como *Star Wars*, *Harry Potter*, ou de séries como *Breaking Bad*; esses espectadores criam diferentes produtos sobre as respectivas obras, chegando muitas vezes a confundir a grande audiência, logrando até mesmo elogios de grandes estúdios ou dos diretores do produto original. Esclarecemos que, quando nos referimos à figura do fã, estamos considerando toda e qualquer pessoa que esteja emocionalmente ligada e que tenha comportamento regular perante determinado texto, narrativa ou pessoa.

O primeiro grupo, os **fãs**, acompanha intensamente um texto ou ícone cultural determinado quase com exclusividade por meio da mídia de massa. Eles fazem parte de um público pulverizado e não estão vinculados um ao outro em um patamar organizacional. Já o uso das mídias pelos **adoradores** é mais especializado, assim como seu objeto de *fandom*. Além disso, eles tendem a desenvolver laços, mesmo que amplamente desorganizados, com outros que partilham esse *fandom*. No caso dos **entusiastas**, enfim, o que importa não é tanto o objeto de *fandom* mediado pelos meios de comunicação de massa (como um *pop star*, um programa televisivo ou time de futebol), e sim a sua própria atividade e produtividade textual, que constituem o cerne do *fandom*. Os entusiastas consomem textos altamente especializados que são produzidos por outros entusiastas, como os *fanzines*, que são trocados por meio de estruturas organizacionais como as convenções de fãs, fã-clubes ou comunidades *on-line* (Sandvoss, 2013, p. 26).

Por serem um tipo específico de consumidor de mídia, os **fandons** são um nicho específico de prossumidores que produzem como expressão máxima de envolvimento as *fanfictions*, os *fanvideos*, as *fanarts*, entre outros, concretizando a ideia de cultura participativa.

Fandom é um resgate do processo da cultura popular em resposta ao conteúdo da cultura de massa (Jenkins, 2009). De acordo com a **indústria de mídia** e a **lógica da economia afetiva**, a pessoa ideal como consumidor de cultura do conteúdo é ativa, emocionalmente engajada e socialmente conectada. Assim, nessa cultura da participação, há o engajamento do público que passa a participar ativamente do modo de fazer cultura, e daí surgem os *fanfictions*.

É válido destacar que a *fandom* não está ligada especificamente ao comportamento individual de um fã específico; em verdade, trata-se de uma prática colaborativa, de consumo coletivo de mídia em torno de determinado produto que é compartilhado.

O que é

Inteligência coletiva é uma expressão criada pelo ciberteórico Pierre Lévy (1956-), que afirma que ninguém sabe de tudo e cada pessoa sabe de alguma coisa e, juntos, é que pode ser formado um conhecimento maior caso todos associem as habilidades e recursos. A inteligência coletiva também pode ser vista como uma fonte alternativa dos meios midiáticos dentro da cultura de convergência.

As *fanfictions* precedem a internet e se efetivavam, antigamente, de forma física. Com o surgimento da internet, os fãs passaram a "consumir produtos criados por outros fãs sem a necessidade de interagir entre si, porém, se o objetivo é a interação, a Internet permite que isso aconteça em tempo real e sem limites geográficos" (Costa; Kanyat, 2016, p. 4). Movida por uma inteligência coletiva, a cultura participativa contribui para a construção de um acervo comum e em rede a partir da doação do conhecimento e da experiência do indivíduo.

A internet permitiu aos fãs de determinado programa televisivo "capturar amostras de diálogos no vídeo, resumir episódios, discutir sobre roteiros, criar *fanfiction* (ficção de fã), gravar suas próprias trilhas sonoras, fazer seus próprios filmes – e distribuir tudo isso ao mundo inteiro pela Internet" (Jenkins, 2009, p. 44).

Discorremos, a seguir, sobre outros atores da contemporaneidade, os *digitais influencers*.

4.7 Influenciadores digitais

No contexto cultural da atualidade, outro agente se destaca, o influenciador. Essa figura cria e disponibiliza conteúdo, chegando a receber reconhecimento internacional ou não, e sendo acompanhado por um público que consome mensagens e produtos digitais criados por esse ator da comunicação contemporânea. O *digital influencer* tem um efeito cultural que abrange áreas como *marketing*, publicidade e, por consequência, a sociedade.

Os influenciadores se valem, principalmente, de plataformas como YouTube, Instagram, Facebook, Twitter e TikTok, que são desenhadas para a troca de conteúdo horizontal, podendo o usuário ser um criador e um consumidor. Em síntese, o influenciador é um prossumidor que se destaca entre os demais usuários dessas plataformas, alcançando reconhecimento de outros usuários.

A *performance* dos influenciadores digitais mudou significativamente a comunicação de massas, oferecendo informação muito mais próxima do cotidiano, com uma linguagem bem mais clara. Ampliando, de forma significativa, a abrangência do *marketing* e a diversidade de conteúdo disponibilizado.

Todavia, isso não representa o fim dos meios tradicionais. Uma vez que uma estrutura midiática apresenta uma função comunicativa distinta, o que possibilita um aumento na oferta de conteúdo, informação, conhecimento e entretenimento. Os influenciadores surgem de uma nova geração que encontrou nas redes sociais a oportunidade para interagir dentro da cultura participativa.

Os temas abordados pelos maiores influenciadores no Brasil geralmente correspondem a questões do cotidiano, como beleza, comportamento e estilo de vida, além de cultura e entretenimento, economia e política. Além destes, durante o período de quarentena vivenciado por conta da Covid-19, os canais brasileirosque ganharam bastante visibilidade foram os de culinária.

Normalmente, o conceito de influenciador é associado à figura de *youtuber* ou *instagrammer*, que se dedica à promoção, explícita ou não, de produtos de consumo de massa.

Quando surgiram, os influenciadores digitais eram considerados a nova "galinha dos ovos de ouro" da publicidade, seduzindo as agências de publicidade e seus executivos, mas, com o passar do tempo, a eficácia comercial se esvaziou. E, em muitos casos, até se tornou um efeito bumerangue para muitas marcas, que acabaram decepcionadas com a bolha da publicidade digital. Isso ocorreu porque grande parte dos *influencers* se preocupavam com a quantidade de seguidores e não, especificamente, com o engajamento. A Unilever e a Melissa, por exemplo, resolveram trabalhar com influenciadores que tivessem, no máximo, 10 mil seguidores, pois perceberam que, nesse limite, existe a possibilidade de um engajamento real, até pela menor chace de nesse número de seguidores haver *bots* (robôs).

A pandemia que o mundo vivenciou em 2020 mostrou que, em muitos casos, a ação dos influenciadores é uma prática que estava sendo superestimada. Muitos influenciadores digitais perderam contas em razão da impossibilidade de sustentar suas ações de *marketing* e muitas marcas se deram conta de que o número de seguidores não é necessariamente sinônimo de lucro. Entretanto, a pandemia da Covid-19 também fez surgir um novo tipo de *influencer*, aquele que conseguiu chamar a atenção do público com mensagens marcadas por mais conscientização ou novos ensinamentos, ou seja, com um foco menos comercial.

Tal ressignificação da comunicação permite agora que o *digital influencer* se reinvente, mantendo perfis mais interativos, possibilitando uma espiral muito mais forte de mediação e respostas do público seguidor.

Em suma, existem três tipos de prossumidor, apesar de toda mutabilidade:

1) **Originais**: Criam serviços ou produtos e os disponibiliza. Geralmente auxiliam as empresas na formulação de novas ideias.
2) **Influenciadores**: Usam e avaliam produtos, compartilhando sua avaliação com os seguidores. O consumo desses produtos pode ser feito de forma espontânea ou por parcerias com produtores.
3) **Consumidores engajados**: A escolha do produto é feita pelo cliente pensando nos valores e no posicionamento dos negócios e não apenas pela qualidade do produto.

4.8 Gerenciamento

No gerenciamento de mídia *on-line*, o envolvimento é uma medida de desempenho. Engajamento corresponde à quantidade de interação de cada conteúdo nas mídias *on-line*, envolvendo a comunicação da melhor forma possível para chamar a atenção do público e obter deste uma resposta.

O engajamento pode ser interpretado como uma comunicação bidirecional, ou seja, a comunicação que ocorre de forma circular, na qual o comunicador envia uma mensagem ao repecetpor, que responde. A interação é um *feedback* ou resposta à mensagem porque permite ao emissor da mensagem saber a reação que ela proporcionou, se ela foi compreendida ou não.

Na comunicação, a atenção do público é um indicador do sucesso das ações em curso. Nas atividades nas redes sociais, por exemplo, o engajamento é medido com base nos recursos de interação existentes. Esses recursos são, entre outros: atividades de conversação entre usuários por meio de comentários e respostas; amplificação ou atividade de divulgação ou expansão de mensagens, como compartilhar, enviar para e retuitar; e aplausos ou atividades de resposta curta com determinados ícones, como curtir ou marcar com um coração.

Na mídia *on-line*, o *feedback* como indicador de envolvimento nem sempre é uma conversa. A atenção pode ser expressa por meio de amplificação ou aplauso. Até mesmo um clique pode significar atenção. A comunicação envolve quem vê a informação e faz uma pausa para clicar ou imprimir. O engajamento também ocorre mesmo que um usuário passivo apenas veja, leia e preencha sua mente com informações veiculadas pela mídia, mesmo que por um instante, e então saia da *web*.

Algo que parece óbvio, mas envolver um público é prender sua atenção. Portanto, a **atenção** é a chave para o engajamento ou um indicador de desempenho na mídia *on-line*. Muitos sites fornecem classificação de desempenho na *web*; esta é medida com base na visualização da página ou na "chegada" dos usuários a determinado site. Uma visualização de página é o nível mais baixo de engajamento. Muitas visualizações de página descrevem o tráfego (visitantes da *web*) que ocorre na mídia/*web*. Esse tráfego então se torna o "deus" da mídia/*web*. Portanto, a mídia fará todo o possível para obter tráfego substancial.

Síntese

- As novas plataformas digitais permitiram que o conceito de mediação desenvolvesse um alcance muito maior.
- Prossumidor é a junção de duas palavras (*produtor* e *consumidor*) e designa um indivíduo bastante importante para a cultura de convergência.
- Como criador de conteúdo, o *prosumer* também pode se tornar um *influencer*.
- Fandoms são a materialização da cultura de participação.

Questões para revisão

1) De acordo com Clay Shirky (2011), as novas ferramentas não provocaram novos comportamentos, mas permitiram a mudança. Shirky (2011) afirma que é "uma mídia flexível, barata e inclusiva, oferece agora oportunidades de fazer todo o tipo de coisas que não fazíamos antes". A esse respeito, assinale a alternativa que apresenta a proposição correta:

   a) A mutação na comunicação está atrelada às mídias sociais, que hoje se enquadram na denominação *mídias de massa*.

   b) As ferramentas tecnológicas determinam as condutas dos usuários; elas induzem às necessidades, transformando valores e interesses em resultados práticos.

   c) As ferramentas tecnológicas não determinam as condutas dos usuários; são os usuários que formatam as funcionalidades de acordo com suas necessidades, valores e interesses.

   d) As mídias sociais atingem uma grande quantidade de usuários; desse modo, a presença das grandes organizações nas redes sociais é essencial para baratear os custos de modo geral.

2) Baseado no romance *Dom Casmurro* (1899), de Machado de Assis, uma emissora de TV nacional produziu uma minissérie vencedora de importantes prêmios. Diversos críticos atribuem o sucesso da minissérie a uma campanha associada a estratégias como distribuição de mídia física no transporte coletivo de grandes centros urbanos. Os recursos discursivos na roteirização de *Capitu* (2008) podem exemplificar a revolução no universo das Tecnologias de Informação e Comunicação (TIC). Essa remodelação dos processos comunicacionais tem sido estudada por pesquisadores como Alvin Toffler (1980) e Henri Jenkins (2009).

A estratégia de comunicação da minissérie *Capitu* e os dois pensadores da comunicação citados acima contextualizam três importantes conceitos do cotidiano contemporâneo. Respectivamente, estamos nos referindo a quais conceitos?

a) <u>Crossmedia</u> (junção das mídias *on-line* e *off-line* para divulgação de conteúdo, serviços, etc.); <u>prosumers</u> (produtor e consumidor); <u>convergência</u> (modo como as mídias circulam atualmente em nossa cultura).
b) <u>Widgets</u> (componentes que simplificam o acesso a um programa ou sistema); <u>interatividade</u> (interação entre usuários, ou usuário, programas e conteúdos); <u>hiperconectividade</u> (conexão em excesso nas redes digitais).
c) <u>Busdoor</u> (propaganda em ônibus); <u>ciberespaço</u> (comunicação via rede de computador); <u>convergência</u> (modo como as mídias circulam atualmente em nossa cultura).
d) <u>Crossmedia</u> (junção das mídias *on-line* e *off-line* para divulgação de conteúdo, serviços etc.); <u>flow-feeling</u> (experiência de fluxo); <u>convergência</u> (modo como as mídias circulam atualmente em nossa cultura).

3) Foi-se o tempo em que as marcas alcançavam um séquito de fãs nas redes sociais usando apenas os métodos orgânicos. Atualmente, as grandes redes sociais estão falando em alto e bom som: esses canais não são mais gratuitos. Como as redes sociais têm se transformado em plataformas pagas, conquistar um número extraordinário de pessoas ativas será praticamente impossível sem investir em mídia paga. A mídia paga nas redes sociais oferece inúmeras vantagens que não são obtidas com os métodos orgânicos. Nesse contexto, assinale a alternativa **incorreta**:

a) A atividade de mídia orgânica exige pouco tempo. O público deve ser adquirido rapidamente e há garantias de que esse número será significativo.

b) Na atividade de mídia paga, há uma quantidade incomparável de opções de direcionamento e segmentação de público que garantirão que as campanhas alcancem as pessoas certas.

c) Mídia paga não substitui a mídia própria; ela é usada para multiplicar e direcionar os efeitos da sua atividade orgânica.

d) As marcas que investem em mídia paga formam relações mais próximas com as plataformas, obtêm acesso antecipado a novos recursos e são avisadas com relação a alterações iminentes.

5
Novas tecnologias

Conteúdos do capítulo

- Contribuição das novas tecnologias de informação e comunicação (NTICs) para o surgimento de redes colaborativas.
- Impacto econômico das NTICs.
- Páginas colaborativas wiki.
- Ferramentas colaborativas para otimização do trabalho.

Após o estudo deste capítulo, você será capaz de:

1. relatar como se processou o advento e o funcionamento do sistema colaborativo;
2. explicar como as redes colaborativas viabilizaram a criação de aplicativos como Uber e Airbnb;
3. identificar as contribuições das mídias sociais para produções colaborativas;
4. identificar as funções principais do aplicativo G Suite.

A internet é uma rede de comunicação de dados de computadores interconectados que tem evoluído rapidamente a ponto de combinar elementos de telecomunicações, computação, radiodifusão, publicação, comércio e serviços de informação. Sua economia engloba todos os aspectos da vida, desde ações e *commodities* a bens e serviços.

Além disso, esse invento concerne à comunicação facilitada por computadores em redes e, mais particularmente, às técnicas para configurar uma plataforma colaborativa e constituída por inúmeros ambientes de mensagens. Nesses espaços, os sujeitos interessados em um ou mais assuntos podem comunicar-se por meio de mensagens instantâneas, compartilhamento de arquivos, correio eletrônico e captura de tela remota. Tudo isso em um cenário pensado para não ser intrusivo, como outros sistemas de comunicação disponíveis hoje.

5.1
Um sistema de todos para todos

Como reiteramos ao longo desta obra, a mídia tradicional vem passando por modificações que influenciam diretamente a produção de um de seus principais produtos: a notícia. Com isso, modificaram-se os processos internos das empresas de comunicação e os formatos de apresentação de conteúdos, o que permitiu propor modelos de comunicação para públicos específicos. Isso porque, em virtude da globalização, despontaram na sociedade nichos e seus respectivos padrões de consumo inexplorados pelos meios de massa.

Os espaços criados na *web* propiciam o intercâmbio de ideias e, por conseguinte, a construção de novos conhecimentos.

Disso resulta um emaranhado de ligações entre equipamentos e perspectivas, favorecendo, mediante a consideração dos debates de que os sujeitos participam nas redes, a análise do consumidor e a promoção de reflexões sobre a sociedade.

Como aponta Lévy (2009, p. 81), "a comunicação por mundos virtuais é, portanto, em certo sentido, mais interativa que a comunicação telefônica, uma vez que implica, na mensagem, tanto a imagem da pessoa como a da situação, que são quase sempre aquilo que está em jogo na comunicação".

Uma rede de comunicação global emergiu quando o acesso à internet se estendeu a uma parcela maior da população, no final do século XX. Desde então, tem se processado sua remodelação, a qual vem ampliando o espaço da interação, antes entre mídia e massa, agora de todos para todos.

Entre os autores que investigam os modelos e os fundamentos das novas mídias, destaca-se Manovich (2002), que propõe cinco princípios não absolutos para elas, já que estes não integram todos os seus objetos. São eles:

1) **Representação numérica**: Todos os objetos criados ou convertidos para a mídia digital são formados por códigos binários, isto é, conjuntos sequenciais de zeros e uns. Essa linguagem facilita, por exemplo, as buscas realizadas no Google, que lê as informações digitadas como código binário e reporta ao internauta os resultados mais relevantes, os mais clicados etc.
2) **Modularidade**: Objetos na mídia têm estrutura modular. Por exemplo, em um *site* cujo conteúdo é disponibilizado em HyperText Markup Language (HTML), além de textos, vídeos e imagens do tipo Graphic Interchange Format (GIF)

ou há um arquivo separado que organiza e reúne todos os outros. Essa fragmentação viabiliza alterações (atualizações ou exclusões parciais ou totais) em um arquivo sem afetar os demais. Soma-se a isso a separação entre imagem e áudio de vídeos: os *pixels*.

3) **Automação**: Diversas atividades podem ser executadas sem a presença humana. Por exemplo, pode-se programar a publicação de *posts* para certo horário em que o *social media* esteja *off-line*. Outro exemplo são os recursos de alguns *softwares*, como o Photoshop, que permite o uso de filtros, bem como a realização de correções automáticas de contraste e cor, por exemplo. Podemos citar, ainda, os sistemas de busca e as inteligências artificiais (artificial intelligence – AIs).

4) **Variabilidade** – As mídias tradicionais criam conteúdo (matriz) cuja reprodução é sempre idêntica, ao passo que as novas mídias caracterizam-se pela variabilidade; logo, podem oferecer produtos de diferentes modos. Com base nas informações de bancos de dados, as novas mídias, embora disponibilizem o mesmo material a várias pessoas, o fazem segundo o perfil de cada uma delas. Ao contrário da mídia tradicional, essas variações não são, necessariamente, geradas por humanos.

5) **Transcodificação** – Quando se digitalizam conteúdos e produtos das mídias tradicionais para as novas mídias, faz-se uma transcodificação, ou seja, convertem-se em códigos binários imagens, textos e sons.

Conforme bem salienta Manovich (2001, p. 46),

> Como a nova mídia é criada em computadores, distribuída via computadores e armazenada e arquivada em computadores, pode-se esperar que a lógica do computador influencie

significantemente a lógica da tradição cultural midiática; ou seja, nós devemos esperar que a camada computacional afetará a camada cultural.

Grande parte do conhecimento humano pode ser inserido em um banco de dados, sendo indexado, marcado e compartilhado. Portanto, a lógica dos indivíduos adequou-se ao funcionamento do computador, e não o contrário.

5.2
Novos modelos de negócios

As NTICs redefiniram as relações de produção, bem como os conceitos de trabalho e valor, criando uma ruptura com a economia baseada na acumulação de bens e na propriedade privada, para focalizar a disponibilidade e a interconexão.

Mason (2015) elenca três importantes transformações promovidas por elas e que afetam diretamente o capitalismo:

1) Redução da carga de trabalho, indefinição da fronteira entre o tempo de trabalho e o tempo livre, e a perda da relação direta entre trabalho e salários.
2) Ascensão da informação como um valor que modifica a precificação de itens no mercado, uma vez que estes se baseiam na escassez, ao passo a informação é abundante. Para o autor, isso está sendo combatido pelos novos monopólios da informação, as grandes empresas de tecnologia.
3) Produção colaborativa.

Ainda segundo Mason (2015), é possível observar o crescimento espontâneo da produção colaborativa: bens, serviços e organizações parecem não responder mais aos ditames do mercado e da hierarquia gerencial. O maior produto de informação do mundo, a Wikipédia, é gratuito e resulta de trabalho voluntário, abolindo o negócio de enciclopédias e privando a indústria da publicidade de uma receita estimada em milhões de dólares por ano. Sobre isso, o autor destaca:

> Quase despercebido, nos nichos e lacunas do sistema de mercado, áreas inteiras da vida econômica estão começando a se mover em ritmos diferentes. Moedas paralelas, bancos de tempo, cooperativas e espaços autogeridos proliferaram, pouco percebidos pelos economistas e, muitas vezes, como consequência direta do colapso de velhas estruturas na crise pós-2008. (Mason, 2015, p. 18)

Entretanto, essa economia só pode ser vista se for buscada.

Durante a crise econômica que afetou a Grécia entre 2009 e 2010, uma organização não governamental (ONG) mapeou cooperativas de alimentos, produtores alternativos, moedas paralelas e sistemas de câmbio locais. A organização encontrou mais de 70 projetos substanciais e centenas de pequenas iniciativas, de edifícios comerciais convertidos em moradias, perpassando coletivos de compartilhamento de carros, até jardins de infância gratuitos. Para os estudos econômicos convencionais, tais práticas parecem apenas se qualificar como atividade econômica; mas elas vão além. Elas existem porque negociam, embora de forma hesitante e ineficiente, na moeda do tempo livre, atividades em rede e bens gratuitos.

Shirky (2011) destaca que o ato de **compartilhar** é um aspecto intrínseco ao ser social, ou seja, independentemente dos avanços tecnológicos, os humanos têm predisposição a partilhar informações com a comunidade em qualquer território (físico, cognitivo ou cibernético). Para ele, as novas tecnologias são catalisadores desse comportamento, potencializando a inteligência individual em virtude do aporte de outros membros dos grupos. Evidentemente, isso só é factível em razão de o ambiente digital oferecer meios, motivos e oportunidades para tal, sendo as mídias uma espécie de conjunto da sociedade.

O excedente cognitivo, que se funda no que Shirky (2011) denomina de *ilhas de tempo e talento* (outrora desconectadas),

> é apenas matéria-prima. Para extrair dele algum valor, precisamos fazer com que tenha significado ou realize algo. Nós, coletivamente, não somos apenas a fonte do excedente; somos também quem determina seu uso, por nossa participação e pelas coisas que esperamos uns dos outros quando nos envolvemos em nossa conectividade. (Shirky, 2011, p. 31)

Desse modo, formas inéditas de propriedade, de empréstimos, de contratos legais, toda uma subcultura de negócios, designada pela mídia como *economia compartilhada*, configurou-se nos últimos dez anos.

A economia colaborativa contempla uma amplitude de atividades, mas sua essência corresponde: a uma forma de partilhar, trocar ou alugar bens sem necessidade de posse; ao fato de essas trocas efetivarem-se por aplicativos ou plataformas da *web* em tempo real, o que vincula a oferta de bens e serviços às demandas dos consumidores.

Vale assinalarmos que tais plataformas existem há anos. *Shoppings* conectam consumidores e comerciantes; jornais conectam assinantes e anunciantes, por exemplo. O que mudou neste século é que a tecnologia da informação reduziu profundamente a necessidade de dispor de infraestrutura física e ativos. Ela barateou e simplificou a construção e a manutenção de plataformas; além disso, viabilizou engajamentos que fortalecem os efeitos da rede e elevam sua capacidade de capturar, analisar e trocar grandes quantidades de dados valiosos.

Apesar de distintas, todas as plataformas apresentam um ecossistema com a mesma estrutura básica, compreendendo quatro agentes: (1) os **proprietários** de plataformas controlam sua propriedade intelectual e sua governança; (2) os **provedores** atuam como a interface das plataformas perante os usuários; (3) os **produtores** criam suas ofertas; e (4) os **consumidores**, por sua vez, as utilizam.

O interessante é que esses serviços não foram afetados, por exemplo, pela desconfiança e pelo medo de entrar no carro ou dormir no imóvel de um desconhecido. Isso se deve à utilização de perfis pessoais com avaliações e referências agregadas pela mesma comunidade que já utilizou o serviço anteriormente, o que define novos caminhos para interagir, trocar e monetizar habilidades e/ou ativos econômicos. Ademais, esses modelos de negócio pressupõem um consumo mais sustentável, remodelando, então, hábitos de clientes em diversos setores.

Exemplo prático

Em 2008, foi lançado o Airbnb, um aplicativo que permite escolher em que tipo de hospedagem (não necessariamente hotel, pousada ou albergue) ficar durante uma viagem. Esse serviço colaborativo faz a conexão entre o viajante e o proprietário do imóvel, que aluga ou compartilha um quarto ou um apartamento/casa por determinado período. Trata-se de uma opção para quem busca mais privacidade e economia, uma vez que é possível negociar valores (o que não acontece em locais tradicionais), e não deseja se hospedar em hotéis.

Vale destacar que tanto o anfitrião quanto o locatário precisam ter um perfil no *site/app* do Airbnb e, sobretudo, ser bem classificados, visto que isso gera confiança entre os negociantes e, no caso do proprietário, eleva a qualidade de sua locação.

Na sequência, examinaremos em detalhes as redes colaborativas que viabilizam esses modelos.

5.3
Redes colaborativas

A colaboração sempre funcionou como o núcleo do trabalho criativo. Das oficinas artesanais dos mestres da Renascença às *startups* globalmente conectadas do século XXI, o caráter, o contexto e as consequências da colaboração criativa foram mitificados e mistificados em igual medida.

O jornalista Jeff Howe (1959-) utilizou o termo *crowdsourcing* (colaborativismo) pela primeira vez em 2006, em um artigo da revista *Wired*, ao relatar a história de Claudia Menashe, diretora de um projeto do Museu Nacional de Saúde, localizado em Washington. Menashe precisava de fotografias para, exibidas em quiosques interativos, servirem de alerta à população sobre os riscos de potenciais pandemias, como a gripe aviária, por exemplo. Contudo, em vez de contratar um fotógrafo para capturar as imagens, optou por comprá-las de um banco de dados; e foi assim que ela chegou até Mark Harmel, fotógrafo *freelancer* residente na Califórnia.

O portfólio de Harmel contava com o tipo exato de fotos procurado por Menashe; porém, seu valor era muito superior às condições financeiras do museu. Mesmo após obter um bom desconto, transcorridas algumas semanas de negociação, a diretora acabou cancelando a compra ao descobrir o iStockphoto, uma plataforma de fotografias feitas por amadores e vendidas por preços de 1 a 5 dólares. Na plataforma, Menashe pagaria em torno de 20 dólares pelas 4 fotos de que precisava, quando investiria cerca de 600 dólares nas capturadas por Harmel. Grande diferença, não é mesmo?

Os aprimoramentos tecnológicos, do *software* de *design* às câmeras digitais, estão diminuindo as barreiras de custo que antes separavam profissionais de amadores.

Agora, fãs e amadores dispõem de um mercado para oferecer seus trabalhos, na medida em que empresas descobrem modos de explorar o talento latente desses sujeitos. Necessariamente sua mão de obra não é gratuita, mas, como no exemplo que acabamos de expor, custa bem menos do que pagar diretamente a profissionais.

Unindo os conceitos de terceirização e *freelancer on-line*, Howe criou aquele neologismo (*crowdsourcing*) para designar essa colaboração entre cidadãos comuns e empresas de grande porte. Howe sublinha, porém, que, para suprir demandas por meio de colaborações efetivas, são necessárias ferramentas eficazes, sendo a internet a principal delas.

O consumo colaborativo despontou, assim, como alternativa viável aos negócios tradicionais em setores como transporte, hospedagem, varejo, serviços bancários, entre outros. Com isso, essas práticas expandiram-se em conjunto com sua economia, seu meio ambiente e seu impacto social.

Apesar de, inicialmente, essa modalidade de consumo ter sido mais popular em países como Estados Unidos, aos poucos, outros também aderiram a ela. Empresas como Airbnb e Uber, por exemplo, são bastante atuantes nos mercados da América Latina, Ásia, Oriente Médio e África. Há ainda empreendedores locais cujas empresas oferecem serviços similares a esses ou se dedicam a solucionar problemas como o acesso à educação e ao financiamento.

Esse tipo de consumo também é conhecido como **economia colaborativa** porque os indivíduos compartilham recursos (por um valor ou outro tipo de compensação) ponto a ponto (*peer-to-peer*), já que tanto o provedor de serviço quanto o destinatário são pessoas, e não instituições. Embora isso não seja algo inédito na história humana, a maneira tradicional distancia-se da atual porque era empreendida apenas face a face, com duração predeterminada e restrita por limites geográficos.

Segundo Donato e Montardo (2018, p. 3),

> afrouxaram-se [...] amarras (mesmo que não se as tenham retirado completamente) que tão fortemente imobilizavam os consumidores de conteúdo. Agora, ao utilizar ferramentas possibilitadas pela internet, eles podem contribuir à sua maneira para a produção de informação em diversos níveis.

Tendo em vista esses fatores, é plausível afirmar que o colaborativismo é uma prática que só existe na internet, uma vez que é viabilizado e marcado por características desse ambiente, como criatividade em rede, velocidade, atemporalidade, facilidade de acesso e anonimato.

No *crowdsourcing* – o *locus* de controle da produção criativa de bens e ideias – envolve a organização ou empresa e o público. Trata-se de um processo coletivo de baixo para cima, uma criação aberta pela multidão e um gerenciamento de cima para baixo por aqueles encarregados de atender aos interesses de quem busca o serviço ou produto. Esse compartilhamento de poder distingue o *crowdsourcing* de processos criativos semelhantes.

Nessas conjunturas, o colaborativismo é uma solução de problemas *on-line* baseada na inteligência de grupos aptos a servir a objetivos específicos de diferentes tipos de empresas. Assim, conectadas, as comunidades têm a oportunidade de responder às atividades de *crowdsourcing*. Em suma, corresponde ao "relacionamento entre indivíduos principalmente através da internet cujo objetivo é estabelecer criações a partir de um objetivo em comum, onde ambas as partes são beneficiadas em algum grau" (Donato; Montardo, 2018, p. 4).

De modo geral, todos os dias, os sujeitos se engajam em alguma prática colaborativa. Quando alguém faz uma crítica ou indica filmes, artistas, livros ou músicas na internet, pesquisa no Google ou contribui para a expansão de alguma rede de profissionais está realizando práticas colaborativas.

Autores como Jenkins, Ford e Green (2014, p. 24) acreditam que essa mudança em curso faz parte do modelo da cultura participativa, pois as pessoas "estão moldando, compartilhando, reconfigurando e remixando conteúdos de mídia de maneira que não poderiam ter sido imaginadas antes. E estão fazendo isso não como indivíduos isolados, mas como integrantes de comunidades mais amplas".

Isso posto, nota-se que, com a ajuda da internet, foi possível a propagação de um novo comportamento social: a transformação de ideias em serviços ou produtos novos ou melhores, além da criação de diferentes tipos de conteúdo passíveis de alcançar exorbitante sucesso no mercado.

Essa maneira de atuar, em condições adequadas, possibilita que grupos de pessoas superem especialistas. Eles podem difundir novidades e percepções de problemas internos e geograficamente dispersos, assim como produzir políticas e *designs* agradáveis à maioria.

Nessa direção, o papel do hipertexto é exatamente o de reunir não apenas os textos, mas também as redes de associações, as anotações e os comentários relacionados por pessoas. Ao mesmo tempo, o senso comum é exposto e materializado por esse hipertexto.

Trabalhar, viver, conversar com outros usuários, conhecer um pouco da história do outro são algumas das atividades que ajudam a construir uma bagagem de referências e associações comuns. Assim se forma uma rede hipertextual unificada, um texto compartilhado, que é capaz de diminuir os riscos de incompreensão.

No mundo contemporâneo, o compartilhamento do que é pensando não fica mais restrito aos familiares ou amigos; agora, com grande parte da população conectada, é possível fazer coisas de valor via "agregações maciças e pequenas" (Shirky, 2011, p. 89). Exemplo disso é o nascimento do sistema operacional Linux, cuja motivação foi a insatisfação de programadores com a dependência de empresas como a Microsoft. Voluntariamente, esses programadores passaram a escrever e a desenhar um *software* de código aberto. Tal ato serviu para mostrar que o trabalho pode ser mais organizado no contexto de comunidade do que no contexto corporativo.

Dessa forma, conforme Donato e Montardo (2018, p. 5), "o colaborativismo, que nasceu de forma orgânica (quando milhares de pessoas com hobbies em comum iniciaram um movimento em conjunto), utiliza a internet como uma ferramenta capaz de unir seus membros em prol da criação de informação".

A execução de atividades de complexidade e modularidade variáveis e da qual a multidão participa por meio de múltiplos recursos (trabalho, dinheiro, conhecimento, e/ou experiência) sempre envolve benefícios. O usuário satisfaz alguma necessidade (econômica, autoestima, refino de habilidades etc.), ao passo que o *crowdsourcer* aplica os recursos ofertados pelo usuário para materializar objetivos segundo a atividade empreendida.

Os principais pontos ligados ao colaborativismo são:

- Uma organização que tem uma tarefa a ser concluída.
- Uma comunidade (multidão) que está disposta a realizar a tarefa voluntariamente.
- Um ambiente *on-line* que permite a execução do trabalho mediante a interação entre a comunidade e a organização.
- Benefício mútuo para a organização e a comunidade.

> **Para saber mais**
>
> DEHEINZELIN, L. Criando comunidades criativas e colaborativas. **Ted Talks**, 11 jul. 2014. 23 min. Disponível em: <https://www.youtube.com/watch?v=HoAi9jjm43w>. Acesso em: 24 fev. 2021.
>
> Nessa apresentação, uma das pioneiras da economia colaborativa no Brasil, Lala Deheinzelin, fala sobre como a economia criativa gera riqueza e qualidade de vida por meio de energias intangíveis, sendo as redes colaborativas as chaves do futuro.

5.4
Wiki como novo espaço para trabalho

Páginas comunitárias para publicação na *web*, as wikis nasceram em 1995, quando Ward Cunningham (1949-) construiu uma página que permitia a desenvolvedores de *software* criar uma biblioteca de padrões. Desde então, esse tipo de página é alterada por qualquer usuário com direito de acesso.

As páginas wikis funcionam como um sistema de hipertexto para armazenar informações, sendo esse um sistema mutável. Esse recurso consiste em um grande banco de dados editável pelos usuários, ou seja, uma página wiki é um local de colaboração, com navegação simples, facilidade de uso e de acesso. Qualquer pessoa de qualquer lugar do mundo, além de ter acesso ao sistema, pode editar o texto disponível, oferecendo, assim, sua colaboração àquele conhecimento.

As características desse tipo de página colaborativa, de acordo com Leuf e Cunningham (2011, citados por Borges; Rhaddour, 2017, p. 68), são:

- edição fácil, pois os usuários não são obrigados a conhecer HTML ou linguagens de script;
- links e referências a outros sites relacionados a termos mencionados no Wiki, para ajudar os visitantes a entender melhor o contexto;
- mudança de rastreamento, muitas vezes na linha individual, palavra ou mesmo personagem, criando uma trilha de auditoria minuciosa de quem mudou o que; e
- função de pesquisa incorporada.

No Quadro 5.1, apresentamos exemplos de wikis.

Quadro 5.1 Wikis em atividade

Wiki	Endereço	Finalidade
Wikipédia	https://www.wikipedia.org/	Enciclopédia multilíngue de escrita colaborativa.
Google Doc Type	https://code.google.com/archive/p/doctype/	Enciclopédia colaborativa para desenvolvedores de *web*.
Desciclopédia	https://desciclopedia.org/	*Site* de humor inspirado na Wikipédia.
Wikimapia	https://wikimapia.org/country/Brazil/	Combina mapas do Google com um sistema wiki; atualmente, disponível em 35 idiomas.

Para trabalhar com wikis sem ter muitos gastos, é possível utilizar *softwares* gratuitos como o MediaWiki ou o Twiki, por exemplo. Depois de a página estar criada, é preciso criar documentos e alimentá-la de forma regular.

5.5
A importância da internet para as redes colaborativas

A internet é, como explicamos, uma tecnologia ideal para o compartilhamento de ideias e projetos, dada sua velocidade, sua flexibilidade, seu alcance etc.

Com relação à velocidade e ao alcance, possibilita uma comunicação instantânea, já que as mensagens viajam tão rapidamente que aceleram o desenvolvimento criativo. Além disso, a rede pode ter um alcance global se as pessoas tiverem acesso a tecnologias. Isso significa que a comunicação pode ocorrer com pessoas de lugares diferentes em tempo muito reduzido.

Além do apagamento virtual do tempo, a internet procede à relativização do espaço. Você pode estar pensando que invenções como o telégrafo conseguiram esse apagamento e faziam a ligação entre pessoas em diferentes lugares do globo. Se pensou isso, está correto, mas há uma diferença importante: a internet, ao contrário do telégrafo, é flexível, estando o meio em conformidade com as necessidades e os usos de um usuário específico, convergindo diferentes velocidades e usos em um projeto colaborativo *on-line*, que pode ser síncrono (em "tempo real") ou assíncrono. Agora, é possível recorrer a sistemas colaborativos *on-line* e aplicativos, como comentaremos mais adiante, os quais permitem aos usuários postar comentários e ideias para uma "localização" virtual em determinado momento.

Se, por um lado, a velocidade da internet tenda a tornar os usuários apressados em suas postagens, a assincronia permite que outros usuários se envolvam com aquelas postagens em um momento posterior. A internet promove uma sensação de continuidade do diálogo entre membros de uma comunidade sem exigir que esses membros estejam presentes ao mesmo tempo.

Além disso, a internet é um meio anônimo. Os usuários podem desenvolver identidades *on-line* segundo seus próprios termos ou optar por permanecer anônimos. Em uma sala de bate-papo ou em redes sociais, por exemplo, as pessoas podem criar personas ou avatares para se representar e expor seus interesses. O anonimato é importante para a colaboração *on-line*, especialmente quando as pessoas expressam ideias e opiniões para um bem-comum. Em um ambiente *on-line*, as pessoas são livres para contribuir com discussões *on-line* e verificação de ideias sem o fardo da política não verbal ou das desigualdades de poder corporificadas por diferenças como raça, gênero, etc. O anonimato em funções participativas na internet pode libertar as pessoas das restrições de identidade política e postura performativa. Os usuários podem, assim, se tornar mais expressivos *on-line*.

O que é

Com certeza você já ouviu as expressões "está na nuvem" ou "coloca na nuvem que todos acessam", não é mesmo? Mas o que é uma nuvem?

Na computação, as **nuvens** (*cloud storage*) surgiram para fornecer serviços como armazenamento, banco de dados, *software*, podendo ainda funcionar como servidores.

A internet é uma tecnologia interativa e um ambiente de convergência onde todas as outras formas de mídia podem ser utilizadas em vez do simples modo de transmissão e de informações. Ela incentiva a cocriação contínua de ideias. O conteúdo na internet é gerado por meio de uma mistura de baixo para cima (conteúdo das pessoas) e de cima para baixo (conteúdo de formuladores de políticas, empresas e organizações de mídia).

Alguns críticos mencionam que a internet tende a reduzir as interações pessoais reais e a expor os usuários à exploração financeira empreendida por algumas empresas. Nesta era de maior criação de conteúdo, porém, os usuários da internet estão aprendendo a transmitir suas próprias ideias, descobrir informações e remixar ideias e conteúdo de formas inovadoras. Na internet, os usuários são solucionadores de problemas potencialmente criativos.

Existindo o reconhecimento do trabalho de um internauta ou de um grupo, há grande probabilidade de haver um maior engajamento entre os envolvidos, muitas vezes, dispensando uma recompensa financeira (Shirky, 2011).

Um recurso final da internet faz florescer a prática colaborativa é talvez o mais importante: sua celeridade e seu alcance. Ela permitiu que as pessoas se conectassem porque a velocidade e o alcance dela quebram as barreiras geográficas e temporais. Mais ainda, a internet reduziu as barreiras à informação, descortinando certos corpos de conhecimento profissional e aumentando o acesso a ferramentas úteis que antes eram inacessíveis.

Por volta do ano 2000, no surgimento da *web* 2.0, a penetração da internet em muitos países atingiu um ponto alto quando a maioria da população estava *on-line*, muitas delas por meio de conexões de alta velocidade.

Isso foi importante porque sinalizou que mais usuários podiam fazer *download*s facilmente e carregar conteúdo multimídia. A participação há muito tempo está no centro da internet, desde o seu nascimento em meados do século XX. Contudo, neste ponto de inflexão do início de 2000, as pessoas podiam criar e compartilhar conteúdo *on-line* em grandes volumes e de forma célere.

Johnson (2010) aponta a importância das mídias digitais para estimular o conhecimento, além de criar o que ele denomina *territórios de choque de conhecimento*, algo extremamente necessário para amadurecer o pensamento e, assim, surgirem novas ideias. Para ele, existe um processo, que pode durar alguns meses ou anos para o nascimento de boas ideias, e estas são potencializadas pela conectividade em dispositivos móveis, ou seja, pelo contato com ideias compartilhadas nas redes sociais digitais.

> Por isso, a memória das grandes ideias se configura primeiro de uma forma parcial, incompleta. Elas têm a semente de algo profundo, mas falta-lhes um elemento decisivo que pode transformar um palpite em algo poderoso. E muitas vezes esse elemento que falta está em outro lugar, vivendo sob uma forma de intuição na cabeça de outra pessoa. As redes líquidas criam um ambiente em que essas ideias parciais podem se conectar, formam uma espécie de agência de encontros para instituições promissoras. Elas facilitam a disseminação de boas ideias, é claro, mas também fazem algo mais sublime: ajudam a complementar as ideias. (Johnson, 2010, p. 65)

As redes sociais começaram a se dinamizar com a *web* 2.0. Por meio delas, o conteúdo se espalha de forma fácil e ampla. Nelas, também se formam comunidades *on-line* desenvolvidas organicamente em torno de interesses comuns, por motivos geográficos e profissionais. Muitas das primeiras empresas de *crowdsourcing* e das iniciativas colaborativas foram iniciadas nesse período. Também nessa fase, seus fundadores capitalizaram com essa articulação de tecnologia, energia criativa e comunidade.

Em um espaço onde a troca de conteúdo *on-line* é intensa, é possível encontrar dados criados pelos usuários e que ali ficam disponíveis e, a partir disso, transformá-los em conteúdo útil, abrangendo de informações a produtos específicos, impulsionando o crescimento das organizações. Para Lima-Marques e Macedo (2006, p. 241), "a transformação eficiente e eficaz desses dados em conhecimento acessível, que possa resultar em melhor desempenho da organização, passa pelo domínio da arquitetura da informação".

E para o que serve a arquitetura da informação?

Como o próprio nome sugere, ela busca desenhar espaços informacionais que fomentem o compartilhamento de informações, servindo para suprir as necessidades humanas. A arquitetura da informação se adapta a qualquer tipo de tecnologia e suporte, inclusive a própria *web* 2.0, que tem mostrado como é possível se adaptar à era digital.

Tarapanoff e Alvares (2015) indicam algumas possibilidades referentes à inteligência organizacional na referida fase da *web*. São elas:

- Interação entre usuários, em tempo real, mediante a utilização dessa plataforma.
- Utilização do *big data* motivada pela geração e pela troca de informações entre usuários e organizações.
- Aplicação de novas metodologias e ferramentas de acesso e recuperação da informação, disponíveis para a aplicação na plataforma da *web* 2.0.
- Utilização de metodologias de áreas distintas das ciências humanas e sociais que tenham o indivíduo como foco, além das comunidades e sociedade.

Como temos relatado, as plataformas são ambientes onde existem diversos *softwares*. Um conjunto destes serve para oferecer determinados tipos de serviços comunicacionais para o usuário.

Por isso, muitos consideram a internet a plataforma das plataformas, justamente por ter a dimensão colaborativa. E é aí que surgem as mídias sociais que, de acordo com Manovich (2008), abrangem as redes sociais (Facebook, Instagram, etc.); os *sites* de compartilhamento de mídias (Vimeo, YouTube), editores de *blog* (Blogger, Wordpress), além de agregadores RSS e *homepages* personalizadas.

São as maneiras de publicação, compartilhamento e organização das informações que potencializam e caracterizam a *web* 2.0, a qual demonstrou a capacidade de ampliar todas as possibilidades de interação entre os usuários. Muito mais do que técnicas, ferramentas e *softwares,* ela é um conjunto de processos mediados por computador e dispositivos móveis.

O que é

De acordo com Morville e Rosenfeld (2002, citados por Borges; Rhaddour, 2017, p. 66), **arquitetura da informação** é a "arte e a ciência de moldar produtos de informação e experiência para dar suporte à usabilidade e localização". O termo foi criado na década de 1970 por Richard Saul.

Aqui vale fazermos um alerta: não se deve confundir arquitetura da informação com a gestão do conhecimento ou de conteúdo. A diferenciação está no fato de que a primeira diz respeito ao desenvolvimento de várias estratégias conceituais e práticas para que ocorra o gerenciamento do conteúdo digital da forma correta, ao passo que a gestão de conhecimento está ligada às estratégias para melhor aproveitamento do conhecimento em uma organização.

Essa conexão com o conhecimento coletivo externo às empresas e organizações resulta no desenvolvimento de inovação aberta e colaborativa.

Eis aí a complexidade do fluxo de dados na *web*, potencializado por nós (nodos) de conversas entre os indivíduos, que recebem e enviam informações. Com isso, os usuários criam comunidades que não são mais categorizadas por idade, localização, gênero, ou qualquer outro tipo de marcação; o que importa agora são as preferências individuais.

A cada dia, a comunicação de massa vai sendo substituída pela **comunicação de nicho**, pois o consumo de informações vem se tornando individualizado. É o internauta quem escolhe suas fontes. Isso faz as mídias tradicionais buscarem outras formas de apresentar conteúdos, manter ou atrair novas audiências e, o que é imprescindível, sobreviver economicamente.

5.6
Redes sociais e ferramentas colaborativas

A rápida difusão da mídia social ampliou ainda mais os aspectos mais controversos dessa condição. As mídias sociais permitiram que os trabalhadores mostrassem suas habilidades e desenvolvessem uma marca pessoal e uma rede própria. Em acréscimo, engendraram um refinamento dos processos gerenciais de flexibilização, pois sua infraestrutura tecnológica deu vias ao trabalho remoto e a formas inéditas de interação social.

As redes colaborativas se manifestam de diferentes maneiras, incluindo organizações virtuais, empresas virtuais, cadeias de suprimentos dinâmicas, comunidades virtuais profissionais, laboratórios virtuais colaborativos etc.

A mídia social tem mudado o modo como os indivíduos e os coletivos se comunicam entre si, como adquirem e usam informações, e como criam e compartilham conhecimento. As tecnologias da *web* 2.0 criaram uma sensação de que todos estão em contato ou acessíveis permanentemente, sendo viável compartilhar, remixar e reutilizar o conteúdo aberto (*open source*) e *on-line*. Usuários, profissionais, empresas, alunos e educadores podem agora autogerir e manter suas próprias comunidades, desenvolver, adaptar e compartilhar seu conteúdo em conjunto e permitir formal ou informalmente aprender de modo colaborativo.

Desde 2004, as plataformas sociais vêm crescendo de forma exponencial, sendo uma das causas desse fenômenoo desenvolvimento do *e-commerce*, mais especificamente com o *marketplace* nas redes sociais mais utilizadas, como o Instagram e o Facebook que também funcionam como canal de compras. Outra rede social que vem se tornando popular no país é o TikTok.

De acordo com Recuero (2009), as redes sociais vão além dos sites. Para o autor, a expressão das redes na internet pode ser resultado do tipo de uso que os atores sociais fazem de suas ferramentas (os sites das redes sociais). Ele acrescenta que as redes sociais digitais

> são constituídas de representações dos atores sociais e de suas conexões. Essas representações são, geralmente, individualizadas e personalizadas. Podem ser constituídas, por exemplo, de um perfil no Orkut, um *web*log ou mesmo um fotolog.
> As conexões, por outro lado, são elementos que vão criar a estrutura na qual as representações formam as redes sociais. Essas conexões, na mediação da internet, podem ser de tipos variados, construídas pelos atores através da interação, mas mantidas pelos sistemas *on-line*. (Recuero, 2009, p. 40)

Dessa feita, as redes sociais digitais são ferramentas da *web* que permitem que o usuário construa um perfil público ou semipúblico em um sistema que possibilita a conexão com outros usuários com os quais compartilha algum tipo de conexão e afinidade. Os perfis públicos são aqueles que qualquer usuário da rede pode ver; já os semipúblicos são os que apenas amigos ou aqueles que recebem a autorização podem visualizar. As redes sociais podem se apresentar como sites (Facebook, Twitter, LinkedIn) ou como aplicativos (Instagram, TikTok) mas, nos dois modelos, a interação social é mediada por um computador ou dispositivo móvel, e isso é algo inédito.

Pesquisas apontam que, nessas redes, os clientes em potencial e aqueles já fidelizados realizam uma maior interação com as marcas, independentemente das barreiras sociais ou geográficas; e isso tende a acontecer de forma orgânica.

De acordo com a pesquisa TIC Domicílios 2019, realizada pela Central Regional para o Desenvolvimento de Estudos sobre a Sociedade da Informação (Cetic.br) vinculado ao Comitê Gestor da internet no Brasil, de cada quatro brasileiros, três acessam a internet, ou seja, 134 milhões de pessoas no Brasil têm acesso à internet (Cetic.br, 2020).

A referida pesquisa mostra que 74% dos brasileiros acessam a internet pelo menos uma vez por mês. O número sobe para 79% quando se torna necessário o uso de algum serviço pela rede, como Uber ou pedido de refeições (*delivery*). Em áreas urbanas, 77% da população tem acesso à internet; e mesmo nas áreas rurais, mais da metade da população (53%) utiliza esse serviço (Cetic.br, 2020).

Quanto ao dispositivo utilizado para o acesso, é predominante o celular (99%), seguido do computador (42%), da TV (27%) e dos *videogames* (9%) (Cetic.br, 2020).

Outra pesquisa, realizada pela Emarsys (2019), também divulgada em 2019, revelou que, em âmbito global, cerca de 3,2 bilhões de pessoas estão conectadas, o que corresponde a 42% da população mundial.

O Facebook continua sendo a rede social mais utilizada no mundo. Por mês, são 2,32 bilhões de usuários ativos nessa rede. Criado em 2004, é propriedade privada da Facebook Inc. A rede social atingiu 1 bilhão de usuários ativos em outubro de 2012. Logo em seguida, figuram o YouTube e o WhatsApp, ambos com 2 bilhões de usuários. Aquele é considerado o segundo maior buscador (perdendo apenas para o Google); o WhatsApp é tido como uma rede social pois possibilita trocas de experiências individuais e em grupos. Há, ainda, o Instagram com cerca de 1 bilhão de usuários ativos, e o TikTok, rede social de compartilhamento de vídeos que já conta com mais de 800 milhões de usuários.

Quais são as redes sociais mais utilizadas no Brasil? Conforme a pesquisa TIC Domicílios 2019, o WhatsApp está em primeiro lugar (92%) no envio de mensagens; o Facebook e o Snapchat (76%), predominam entre as redes sociais; para chamadas de vídeo, destacam-se o Skype e o WhatsApp (73%). A internet também é utilizada para: acesso aos serviços do governo (68%), envio de *e-mails* (58%); *e-commerce* (39%); participação de listas ou fóruns (11%) (Cetic.br, 2020).

A TIC Domicílios 2019 cita, ainda, o tipo de informações mais buscadas e serviços mais utilizados. No que se refere a educação e trabalho, as práticas mais comuns foram: pesquisas escolares (41%), estudos por conta própria (40%), atividades de trabalho (33%) e armazenamento de dados (28%). É importante assinalarmos que essa pesquisa foi publicada em 2020, mas os dados refletem o ano anterior, no qual o mundo vivencia uma conformação pré-pandemia.

As redes sociais também podem ser utilizadas para desenvolver trabalhos colaborativos.

Já reiteramos por diversas vezes que as novas tecnologias de informação têm modificado os modos de comunicação e interação social. Redes sociais, wikis, *blogs* são ferramentas que podem ser empregadas por pessoas, instituições e organizações para potencializar produtos e negócios. Isso porque as redes sociais *on-line* funcionam de forma distinta das redes sociais *off-line*, além do mais, possibilitam uma comunicação bidirecional, algo que as mídias tradicionais não fazem.

As redes sociais tornam possível para o usuário perceber como estão as avaliações do público sobre determinadas marcas, como o profissional, político ou empresa tratam seguidores, eleitores e clientes, bem como a relação com o público em geral. Assim, é primordial uma boa gestão das redes sociais, decidindo-se com critérios desde onde e o que será publicado e fazendo-se a análise dos relatórios sobre o conteúdo que foi postado, nível de engajamento etc.

Compreender a criação de experiências interativas e colaborativas usando as mídias sociais tem-se mostrado essencial para a produção e a disseminação de novos produtos e conteúdos.

Na sequência, trataremos sobre o trabalho colaborativo realizado com a ajuda da internet.

O trabalho colaborativo, também conhecido como *social work*, caracteriza-se pelo compartilhamento de informações e ideias pelos membros de um grupo para atingir resultados comuns. Como temos abordado até aqui, isso só se tornou praticável quando os sistemas e bases de informação se tornaram acessíveis para todo os profissionais, como ocorre atualmente com as redes sociais, onde é possível realizar e estabelecer contato com profissionais de diferentes lugares do mundo.

Com o trabalho colaborativo, tanto a partilha de recursos quanto a coordenação dos esforços de trabalho ocorrem de forma espontânea; nesse contexto, os papéis individuais assim como os processos servem apenas como referência para organizar as atividades. Isso porque a proposta é que o trabalho em conjunto ocorra de maneira fluida e eficaz, com um grande fluxo de comunicação e troca de informações para que, mediante negociações, se alcance o propósito que une aquele grupo naquele momento.

Os profissionais que fazem trabalho colaborativo têm como grande desafio abandonar a ideia de posições hierárquicas para focarem no objetivo principal, procurando motivar todos os membros da equipe. A inovação e a busca por resultados positivos se aliam, então, à noção de flexibilidade.

É possível utilizar *softwares* ou ferramentas colaborativas *on-line* que permitem compartilhar arquivos de trabalho de determinada empresa, instituições, ONGs ou até mesmo um grupo que esteja realizando uma atividade em conjunto. Os suportes compartilhados poder ser utilizados para diferentes finalidades, por exemplo:

- organização e acompanhamento de *planning*;
- acompanhamento de organogramas, orçamentos etc.;
- elaboração de comunicados internos e anúncios;
- criação de formulários com enquetes, questionário, estudos do ambiente etc.

Tais ferramentas são capazes de otimizar o tempo, pois facilitam o acesso aos arquivos disponíveis *on-line* para consulta, podendo ser modificados quando necessário. Vários usuários podem utilizar um arquivo ao mesmo tempo, não sendo preciso esperar a leitura e a alteração feitas por outra pessoa. Em acréscimo, as ferramentas *on-line* facilitam o processo de sincronização de arquivos entre dispositivos, sendo eles móveis ou não.

As plataformas mencionadas aqui e outras mais funcionam com mecanismos distintos, mas todas possibilitam a individualização, a interação, assim como a visibilidade. Elas, por si só, não constituem as redes sociais, pois dependem, para isso, de atores sociais que as utilizam.

O estabelecimento de relações nos espaços virtuais está ligado, em muitos casos, à lógica de ação das redes sociais e, por isso mesmo, vale esclarecermos o significado de *dinâmica* e de *flexibilidade* nesse contexto.

A dinâmica refere-se à forma de interação entre os usuários e pode ser entendida como o movimento existente em uma rede, como a quantidade e o tipo de conexões estabelecidas entre os participantes, por exemplo, ou o fluxo de pessoas que entra e deixa a rede.

O trabalho colaborativo está focado totalmente nas conexões pessoais. Com isso, trabalho pode ser feito em qualquer lugar e momento, o que pode melhorar a qualidade de vida do profissional, muitas vezes tornando-o mais engajado.

As ferramentas colaborativas de gerenciamento de projetos e equipes mais utilizadas no Brasil são Trello, Asana e Slack. O primeiro é inspirado na ideia de cartões-tarefa e as listas são alocadas em um quadro para melhor organizar o fluxo das atividades. Por ser bastante flexível, o Trello permite diversas formas de usos e de metodologias de gerenciamento. É possível adicionar mais funcionalidades com os *power-ups*, pois eles funcionam como *plug-ins*. Também é possível realizar a integração com outros serviços como Google Drive e Evernote. Para adicionar um novo membro à equipe, basta utilizar o nome do usuário e endereço de *e-mail*, ou enviar um convite através de *link*. A visibilidade do Trello pode ser privada, para o time, para a organização e pública.

O Trello dispõe de uma interface de fácil usabilidade, tem *templates* de painel e seleção e está disponível para dispositivos móveis Android e iOS; ainda, conta com verificação de dois fatores, além do butler, que é a integração do fluxo de trabalho automatizado.

Com o Asana, é possível criar listas de afazeres, delegar tarefas, além de acompanhar as atividades em tempo real. É possível, ainda, montar grupos de colaboração, gerenciar trabalhos e fazer o controle de tudo através de listas e quadros. O gerenciamento dos trabalhos é feito por meio de um recurso estatístico chamado *worload*, que aponta quando o membro da equipe está com alto ou baixo desenvolvimento no trabalho. Asana é compatível com dispositivos móveis iOs e Android.

Por fim, e antes de apresentar algumas ferramentas colaborativas da Google, citamos o Slack, possivelmente a ferramenta mais popular para quem trabalha com o sistema *social work*. Você pode trocar mensagens instantâneas de forma pública ou privada nos canais de projetos ou equipes.

Com uma interface um pouco mais complexa do que as duas outras ferramentas citadas, geralmente trabalha-se com duas ou três colunas no Slack: na primeira, na barra lateral esquerda há a indicação dos canais de que se participa, a segunda coluna é para chat, e uma terceira quando se deseja acompanhar alguma conversa, ver outros canais etc.

O Slack permite compartilhar diferentes tipos de arquivo (texto, imagem e vídeo) do Google Drive ou do seu próprio computador. Conversas com outros membros podem ser feitas via áudio ou vídeo, sendo possível o compartilhamento de tela. Além dos dispositivos móveis, essa ferramenta colaborativa também pode ser acessada pela *web* ou instalada no computador.

A seguir, comentaremos algumas das ferramentas que a Google oferece para trabalhos colaborativos.

A Google disponibiliza o G Suite, um pacote de aplicativos integrados que podem ser utilizados em trabalhos colaborativos, otimizando o compartilhamento de informação e o sistema de comunicação.

Google Documentos e Google Agenda são duas das ferramentas colaborativas polivalentes da empresa, as quais permitem desenvolver trabalhos colaborativos *on-line*, sendo necessário apenas que os envolvidos possuam uma conta Google.

Pode-se criar uma agenda compartilhada, a partir de uma conta do Gmail, permitindo que outras pessoas possam consultá-la e modificá-la. Ela se torna visível a partir de cada conta quando clicada a opção "Agenda" na guia do Gmail. É possível sincronizar a agenda Google com outros *softwares* de mensagens como o Outlook Express, por exemplo.

Com as ferramentas de escritório é possível criar documentos a partir de ferramentas semelhantes às utilizadas no Excel, Word ou Power Point.

O Google Drive possibilita arquivar e compartilhar diversos tipos de documentos. Caso deseje compartilhar com outros usuários arquivos que estão no Drive, uma planilha ou uma foto, por exemplo, o usuário escolhe os contatos que podem ter acesso aos documentos a partir do ícone compartilhar (*share*). Aparecem as opções "somente leitura" e "colaboração". Nesta segunda opção, apenas os usuários autorizados podem editar os documentos.

Os aplicativos Google oferecem a liberdade para se trabalhar em qualquer lugar, visto que as ferramentas podem ser acessadas também em *tablets* e celulares.

O Google Documentos (Google Doc.), por sua vez, permite criar e editar documentos de texto, de forma colaborativa ou não, diretamente no navegador sem o uso de *software* dedicado, sendo possível trabalhar em um único documento, de forma compartilhada, em equipes, visualizando edições à medida que outras pessoas forem digitando e comunicando-se por meio do bate-papo integrado.

Síntese

- *Software* colaborativo é um sistema que ajuda grupos ou indivíduos em tarefas/objetivos executados em ambientes compartilhados.
- *Crowdsourcing* é uma prática que só existe na internet, uma vez que esta tem amplo alcance, é de fácil acesso, seu caráter é atemporal e tem a capacidade de transportar qualquer forma de conteúdo mediado.
- As experiências interativas e colaborativas por meio de mídias sociais são essenciais para a produção e a disseminação de novos produtos e conteúdos.
- Ao trabalho colaborativo estão atreladas as conexões pessoais, visto que viabilizam a realização do trabalho em qualquer lugar e momento, por intermédio de plataformas/ferramentas como Trello e G Suite.

Questões para revisão

1) Sistemas colaborativos são ferramentas de *software* utilizadas em redes de computadores para facilitar a execução de trabalhos em grupos. Essas ferramentas devem ser especializadas o bastante, a fim de oferecer aos usuários formas de interação, facilitando o controle, a coordenação, a colaboração e a comunicação entre as partes envolvidas. A taxonomia bidimensional de tempo e espaço é a forma mais usada para classificar sistemas colaborativos. No eixo de tempo, são apresentados o tempo síncrono e o assíncrono. No eixo de espaço, são apresentadas as dimensões: mesmo local e locais geograficamente diferentes. Sobre as redes colaborativas, assinale a opção **incorreta**:
   a) Os provedores funcionam como a interface das plataformas colaborativas dos usuários. Os produtores criam suas ofertas. E os consumidores usam-nas de acordo com seu desejo e sua necessidade.
   b) O Airbnb é um serviço colaborativo que conecta o motorista de um veículo a um passageiro que deseja chegar a determinado local.
   c) As mídias sociais, também chamadas de *mídias colaborativas*, servem como estratégia de aprendizagem e gestão do conhecimento no local de trabalho.
   d) O compartilhamento antes ocorria apenas face a face, com duração limitada e restringido por limites geográficos.

2) Wiki é um tipo de tecnologia que serve para criar *sites* colaborativos, sendo a Wikipédia considerada a maior enciclopédia colaborativa do mundo, um dos casos mais conhecidos. Assinale o termo que é utilizado na internet para se referir à wiki:

a) *Software colaborativo*, já que auxilia grupos e indivíduos na conclusão de atividades.
b) *Blog pessoal*, já que se destina à publicação de conteúdos pessoais e de interesse coletivo, sendo um ótimo espaço para compartilhar ideias.
c) *Software* livre, já que seu usuário tem livre acesso para visualizar arquivos e realizar as alterações que, para ele, melhoram a compreensão acerca do assunto.
d) *Enciclopédia*, já que reúne uma gama de conteúdos e os exibe ordenadamente (organização temática ou alfabética).

6
Cibercultura

Conteúdos do capítulo

- Conceito e importância da cibercultura.
- Penetração da cibercultura no cotidiano.
- Cibercultura e mídias móveis.
- Internet das coisas e *big data*.

Após o estudo deste capítulo, você será capaz de:

1. explicar o que é e como se constitui a cibercultura;
2. demonstrar como a tecnologia está imbricada em nosso cotidiano;
3. apontar a importância das mídias móveis para as cibercidades;
4. comentar a importância da cauda longa como forma de impulsionamento.

Para explicarmos como as Novas Tecnologias de Informação (NTIs) impactam, em especial, a comunicação e a cultura, temos de qualificar a sociedade como um processo que se efetiva entre formas e conteúdos. A cibercultura oferece diferentes formas de comunicação e criação tendo como principal veículo o computador e os dispositivos móveis. Esse fenômeno ganhou força nas últimas décadas do século passado com o surgimento do computador e a expansão do acesso à internet. Tanto a criação quanto a comunicação ocorrem no ciberespaço. Computadores e objetos computacionais estão imersos no cotidiano de uma maneira onipresente.

A cibercultura vem provocando mudanças nas comunicações, afetando a construção de significados e as relações de poder cultural assim como as novas sociabilidades que constitui. Lévy (1999) afirma ser este um movimento social que tem três pilares de sustentação: (1) a interconexão, (2) as comunidades virtuais e (3) a inteligência coletiva.

6.1
Tecnologia e cotidiano

A introdução da tecnologia na vida cotidiana carrega consigo a emergência de novos espaços, novas formas de participação e de socialização, outras formas de se relacionar e pensar sobre o mundo. No entanto, além de produzir novas práticas e representações do mundo, as já existentes também são redefinidas. Se antes as pessoas trocavam correspondências apenas pelo correio, agora há recursos como celular e internet que possibilitam enviar mensagens ou *e-mails* que cumprem a mesma função do suporte anterior (comunicar uma mensagem) com a vantagem de não ter que esperar meses pela resposta do destinatário. O mesmo acontece com a fotografia ou com o vídeo: antigamente, para ver como ficou uma foto era necessário revelá-las e, às vezes, demorava muito tempo entre fotografar ou filmar e ver o resultado.

Agora, com o advento da fotografia digital (tudo isso também é válido para vídeo), o resultado não só pode ser visto instantaneamente, mas também excluído e modificado quantas vezes se desejar usando o mesmo dispositivo.

Hoje, acessar uma tecnologia (como um *smartphone* com câmeras) se tornou uma realidade acessível a uma parcela muito maior de pessoas. A tecnologia atravessa, assim a vida das pessoas: quando alguém assiste a uma partida de futebol em um estádio, faz um passeio ou é testemunha de qualquer evento (de um acidente a um *show* da banda preferida), não somente pode capturar o momento (graças à foto ou vídeo), mas também compartilhar instantaneamente via celular.

O traço intrínseco e característico da **cibercultura** seria a tecnologia. Esse atributo a diferencia de outros grupos culturais. Nesse sentido, ela é produzida por meio de dispositivos técnicos e envolve práticas sociais significativas em torno das tecnologias digitais, especialmente a internet. Nessa ideia, são incorporadas percepções sobre novas formas de sentir, de se identificar, de pensar o mundo.

A característica distintiva da cibercultura, então, seria sugerida pelo adjetivo *cibernético*, que se refere ao que é produzido no campo da tecnologia da computação. Esse termo denota uma inscrição em um espaço de cognição entre humanos e máquinas. Essa relação aparentemente imediata entre homem e máquina já remete aos usos da tecnologia.

Como exemplos de representações de máquinas humanizadas (equipamentos que pensam, raciocinam autonomamente e até "sentem") podemos citar personagens de filmes como "Wall-E", ou BB-8 e R2-D2, de "Star Wars". Em ambos os filmes, o objetivo é que o espectador experimente uma empatia e compaixão pela máquina contrapondo-a à crueldade humana.

Em geral, as interações sociais no interior da cibercultura são mediadas por redes de computadores, embora também possam ser estabelecidos por *smartphones*, *iPods* etc. Os aplicativos podem ser estendidos por *softwares* especializados ou podem ser utilizados no formato de *blogs*, redes sociais, *games*, *chat*, e-*commerce*, entre outras possibilidades.

Todavia, devemos alertar que os níveis de acessibilidade ainda não são igualitários para todos os setores sociais. Nesse sentido, não se pode omitir três aspectos condicionantes para participar ou fazer parte da cibercultura:

1) acessibilidade ao meio "Internet";
2) apropriação deste meio;
3) capacidades simbólicas necessárias para seu funcionamento.

Tais recursos são determinados pelas condições socioeconômicas e simbólicas, inseparáveis um do outro. Na verdade, o acesso a um computador não implica necessariamente que se sabe como navegar na rede ou que se conhecem os mecanismos para "baixar" programas de computador que otimizam o funcionamento da máquina.

> **Exemplo prático**
>
> É sabido que cibercultura é a cultura que surgiu com a utilização da internet em diferentes suportes tecnológicos (computador, *tablet*, *smartphone*, etc.).
>
> Todas as vezes que alguém utiliza seu perfil nas redes sociais como Facebook, TikTok, Instagram ou Twitter para escrever algo, está contribuindo para a formação e a manutenção de um espaço no ciberespaço. E ao visualizar a rede social como um espaço específico, o perfil dessa pessoa é, ao mesmo tempo, uma identidade e um currículo, ou seja, é uma versão digital dessa pessoa na *web*.

6.2 Ambiente digital e cibercultura

As práticas contemporâneas relacionadas às tecnologias da cibercultura vêm configurando a **cultura da mobilidade**. As novas tecnologias, cada vez mais livres de fios dão vias à ubiquidade, onde é possível estar em um lugar físico e em diversos ambientes virtuais. Mais que isso, todos estamos inseridos em um ambiente conectado em que os computadores estão em um segundo plano, a tecnologia está entrelaçada na vida cotidiana de uma forma que não conseguimos mais distingui-la e, assim, as máquinas se tornaram onipresentes no cotidiano.

Isso já se faz notar nos eletrodomésticos e nos eletroeletrônicos, que, continuamente, vêm adotando a lógica do "ciber" com a Internet das Coisas (Internet of Things – IoT). Além das casas, o ciberespaço também vai adentrando no trabalho, promovendo alterações na cultura existente.

Cada vez mais, a tecnologia sem fio vem se fazendo presente nas casas, nos espaços de trabalho, nos locais de diversão, mudando a forma de interação entre as pessoas e fazendo surgir outras formas de mobilidade. As cidades têm se desplugado, com tecnologia ubíqua e intrusiva graças aos dispositivos e redes com tecnologia 5G, QR Code, redes de Wi-Fi, GPS, *bluetooth* etc.

Muito mais do que uma ferramenta para gerenciar o senso de realidade geral, o ciberespaço é uma interface entre o ser humano e o computador, mas também é um espaço de construções mentais.

O que é

Ciberespaço é o local onde a cibercultura se desenvolve, isto é, a forma cultural disseminada a partir da influência daquele no dia a dia da sociedade que utiliza seus recursos.

Sobre cibercultura, Padilha (2008, p. 107) declara que

> A palavra cibercultura é categorizada como justaposição, tendo como prefixo o termo *ciber* advindo da palavra inglesa *cybernetics* (1948), que por sua vez é originária da expressão grega *kubernétes*, cuja principal significação é arte de pilotar, dirigir ou governar. Esse antepositivo pode dar a entender que existiria no sentido da palavra cibercultura a ideia de comando predeterminado, o que não condiz com o real sentido de sua representação mental, já que não se pode atribuir uma centralização a essa nova forma de manifestação sociocultural de influência mútua, gerada e alimentada por um processo rizomático e sinergético, seja no campo das tecnologias ou da produção intelectual. Já a palavra cibercultura pode ter muitas definições e significações

diversas. [...] Mas no caso da cibercultura não existem fronteiras. Ela está a permear o cotidiano de todos que fazem uso do ciberespaço e das tecnologias digitais em rede.

A cibercultura equivaleria, portanto, à interação do indivíduo com as NTIs, modificando práticas intelectuais, modos de pensamento e de valores e atitudes, o que possibilita o nascimento de outras sociabilidades.

Nesta nova realidade trazida pela internet com um conjunto de computadores ligados em redes interligadas, inscreve-se o ciberespaço, que, como é apontado por Lévy (1999, p. 92), "consiste em uma realidade multidirecional, artificial ou virtual incorporada a uma rede global, sustentada por computadores que funcionam como meios de geração de acesso". O surgimento desse novo campo denominado *ciberespaço*, espaço do virtual, dos fluxos e dos nodos, intrínsecos à sociedade em rede, além de fomentar rápidas e contínuas transformações, contribui para a emergência de mudanças de valores, tradições e das possibilidades de construção de novas bases e laços sociais, indispensáveis para a consolidação dessa nova forma econômico-social em formação.

O ciberespaço é, dessarte, o local, o espaço onde a cibercultura é desenvolvida, consolidando-se como uma forma cultural difundida a partir da influência daquele cotidiano da sociedade que utiliza seus recursos.

O escritor canadense William Gibson (2016) foi quem cunhou, em "Neuromancer" (1984), o termo *ciberespaço*. O referido romance de ficção científica do autor apresenta um mundo totalmente interligado por computadores. Na obra, o ciberespaço equivale a uma simulação da realidade virtual como uma resposta neural direta.

As principais características da cibercultura são:

- **Disponibilidade**: Mesmo no virtual, o consumo de conteúdo não desaparece. Tudo está disponível em qualquer horário e a qualquer momento, desde que se tenha acesso à internet e o endereço daquilo que se quer encontrar esteja correto.
- **Sinergia de esforços**: Pessoas, em diferentes locais do mundo, podem se conectar, se reunir virtualmente e, a partir desse encontro, produzir os mais variados tipos de projetos; conteúdos se unem em prol de uma causa, de um objetivo. Antes do ciberespaço tais ações ficavam restritas a uma localidade. Agora, graças à virtualidade, é possível ser ubíquo, estar em vários lugares ao mesmo tempo sem sair de casa.
- **Publicização**: A característica predominante do ciberespaço é a liberdade de acesso a todo tipo de conteúdos, tornando-os amplamente públicos, algo nunca feito por nenhum outro veículo midiático.

Dessa forma, o ciberespaço é um ambiente cobiçado por todos, principalmente pelos meios de comunicação tradicional. Contudo, cria-se, assim, uma dinâmica dos movimentos sociais, segundo a qual eles passam a se comunicar em rede, favorecendo uma interconexão de comunidades locais com uma maior participação do cidadão. Essa conjuntura abala a centralização do poder da mídia, pois "os movimentos sociais em rede de nossa época são amplamente fundamentados na Internet, que é um componente necessário, embora não suficiente, da ação coletiva" (Castells, 2003, p. 171).

Segundo Lemos (2010, p. 71), para Pierre Lévy (1999), a cibercultura (essa nova configuração tecnossocial) "é universal sem ser totalitária, tratando de fluxos de informação bidirecionais, imediatos e planetários, sem uma homogeneização dos sentidos, potencializando vozes e visões diferenciadas". A sociedade, no entanto, passa a interagir, também, em um mundo virtual, em uma rede, por "nós" de rede. Ela começa, de forma mais ativa e efetiva, a ser instituidora de informação e comunicação, entrando numa fase de transição de mero consumidor (receptor) para produtor (criador). Esse novo sujeito é produtor de sua própria informação, agindo como uma "mídia" e atuando como crítico e consumidor desse conteúdo. Nas palavras de Lévy (1999, p. 64), ciberespaço é "o espaço de comunicação aberto pela interconexão mundial de computadores e das memórias dos computadores".

Em meio a tantas facilidades e possibilidades, há ainda um grande número de pessoas que não conseguem entrar no ciberespaço cotidianamente ou interagir com ele e usufruir de seu potencial. Entretanto, isso não barra sua expansão e sua influência no dia a dia da sociedade.

Outros autores também buscaram estudar a cibercultura, esse fenômeno que mudou a sociedade no final do século XX e que continua efetivando grandes transformações em todos os campos da vida prática. Apesar de algumas diferenciações, entre um teórico e outro, as reflexões acerca da cibercultura têm alguns pontos em comum.

Muitos teóricos têm definido a cultura contemporânea como a cultura da mobilidade, pois quase todas as atividades humanas são ou estão ligadas às tecnologias da cibercutura.

Santos (2010, p. 37), por exemplo, afirma que a cibercultura "diz respeito à simbiose homem e tecnologia digital em rede enquanto processo de interprodução ou de coprodução". Para Kerckhove (1995, p. 193), "a cibercultura é o resultado da multiplicação da massa pela velocidade", acrescentando-se a isso o fato de que os avanços tecnológicos percebidos contribuíram para o desenvolvimento de outras formas de inteligência coletiva baseadas em grupos que se atualizam o tempo todo, resultando em novos papéis sociais e novos tipos de linguagem advindas da aplicação cultural e social das NTIs.

Lemos (2004) corrobora com essa ideia pois, para ele, houve uma multiplicação dos espaços culturais que se enriquecem a cada dia. Para o autor, "aprenderemos as regras sempre móveis da colaboração criativa e da inteligência coletiva em um universo onde se misturam fontes de sentido sempre mais heterogêneas" (Lemos, 2004, p. 11-12).

Jenkins (2008), por sua vez, enfatiza que a cibercultura é uma união de culturas em que computador, telefone, internet e multimídia realizam a integração de comunicação.

Nesse espaço imaterial da cibercultura, o ciberespaço é um dispositivo de comunicação interativa e comunitária constituído por uma inteligência coletiva.

Em síntese, o ciberespaço consiste em uma experiência social imersiva de utilização da internet. O desenvolvimento desta nas últimas três décadas do final do século passado é assim resumido por Castells (2011, p. 82): "consequência de uma fusão singular de estratégia militar, grande cooperação científica, iniciativa tecnológica e inovação contracultural". Foi a partir do desenvolvimento da rede mundial de computadores que o ciberespaço e as mídias sociais e locativas se consolidaram desde o ano 2000. O autor acrescenta que,

> Na realidade, é mediante essa interface entre os programas de macropesquisa e os grandes mercados desenvolvidos pelos governos, por um lado, e a inovação descentralizada estimulada por uma cultura de criatividade tecnológica e por modelos de sucessos pessoais rápidos, por outro, que as novas tecnologias de informação prosperaram. (Castells, 2011, p. 107)

Quase 3 mil anos após o surgimento da escrita, está em curso uma revolução tecnológica que promoveu a integração de diferentes modos de comunicação em uma rede interativa. Sua proposta é ser um meio de comunicação democrático e inclusivo, que o cidadão pode utilizar sem a necessidade de um intermediário.

Para saber mais

EIS OS DELÍRIOS do mundo conectado. Direção: Werner Herzog. EUA: Magnolia Pictures, 2015. 98 min.

Esse documentário de Werner Herzorg apresenta fatos e relatos desde o nascimento da internet até a atualidade, analisando as mudanças por ela promovidas sob diferentes ângulos. Temas como Internet das Coisas, robôs e inteligência artificial são apenas alguns dos vários assuntos discutidos com a participação de empreendedores e cientistas que compartilham o que pensam sobre essa nova era.

6.3
Mídias móveis

Há na atualidade uma nova forma de mídia que facilita a constituição do espaço decorrente de uma fusão cada vez maior dos espaços físicos com os virtuais. Essa transformação é causada por uma nova geração de aplicativos para *smartphones*, que fomentam a fusão ciberfísica da percepção e apropriação do espaço público no dia a dia. Esses aplicativos são denominados *mídia locativas* ou *mídias móveis*. Estas são caracterizadas, em particular, pelo fato de combinarem localização e informações baseadas na internet com os locais físicos de comunicação face a face.

Por exemplo, aplicativos de jogos aumentam o espaço com personagens e objetos do universo do jogo que ocupam virtualmente locais específicos no espaço físico e só aparecem na tela do *smartphone* do usuário. Outro exemplo da articulação da informação do espaço com os dados do ambiente virtual é o aplicativo de recomendação móvel que exibe um mapa de restaurantes localizados na proximidade, bem como relatórios de experiência e avaliações de clientes anteriores.

Segundo Lemos (2007, p. 207),

> Podemos definir mídia locativa (*locative media*) como um conjunto de tecnologias e processos infocomunicacionais cujo conteúdo informacional vincula-se a um lugar específico. Locativo é uma categoria gramatical que exprime lugar, como "em", "ao lado de", indicando a localização final ou o momento de uma ação. As mídias locativas são dispositivos informacionais digitais cujo conteúdo da informação está diretamente ligado a uma localidade. Trata-se de processos de emissão e recepção de informação a partir de um determinado local. Isso implica uma relação entre lugares e dispositivos móveis digitais até então inédita.

Uma implicação muito discutida do uso de mídia locativa é que os lugares no espaço público não aparecem iguais para todas as pessoas presentes, porque as percepções e apropriações desses lugares agora são baseados em informações adicionais, que são representadas apenas digitalmente. Dependendo do aplicativo usado e das configurações personalizadas selecionadas, os usuários podem receber informações bastante diferentes no mesmo local físico.

Na atual fase de digitalização das cidades, o princípio de funcionamento dos locais públicos como lugares de encontro e troca para membros de mundos sociais específicos é correspondido pelo funcionamento principal das redes sociais como locais de encontro "virtuais" e como áreas onde comunidades "virtuais" são criadas. A revolução digital tem, em certo sentido, ampliado o espaço público. Em paralelo com os locais físicos de interação face a face, a internet e as mídias sociais criaram um espaço "virtual" de comunicação digital. Como o espaço público em cidades, o espaço virtual é de livre acesso e oferece uma plataforma para as atividades de um grande número dos mundos sociais. Logo no começo, no entanto, o espaço virtual foi amplamente separado do físico, da realidade cotidiana e estava acessível apenas temporariamente e por meio do computador.

Em outras palavras, no início dessa nova realidade virtual, as pessoas experimentavam o universo digital como um universo separado de discurso e experimentação. Mas isso vem mudando drasticamente nas últimas décadas. Com o surgimento de dispositivos móveis com acesso à internet, principalmente *smartphones*, o espaço virtual agora está acessível a qualquer hora e em qualquer lugar. Com as redes sociais, surgiu um espaço virtual paralelo para a comunicação cotidiana.

Como já mencionamos, a cultura "ciber" atravessa o ambiente cotidiano. As infraestruturas de informação e comunicação digital resultam em uma crescente sobreposição e fusão de realidades virtuais e físicas, o que é denominado **sistemas ciberfísicos** Uma das consequências da proliferação de sistemas ciberfísicos é a diminuição de interação *on-line* e *off-line* entre os usuários de *smartphones*, principalmente entre os mais jovens. Essas pessoas integram naturalmente a comunicação de mídia social como parte de sua rotina diária em diversas atividades cotidianas, desde um passeio público a momentos mais reservados.

Esses atores sociais são usuários de mídia digital hiperconectados que utilizam de forma diferente os espaços. Cada vez mais o *smartphone* desempenha um papel ativo entre pessoas dessa faixa etária na apropriação e percepção do espaço. Por exemplo, muitos usuários mais jovens empregam o *smartphone* na vida cotidiana como uma forma de radar social para localizar amigos na área ou para procurar possíveis parceiros para encontros furtivos ou algo mais sério. Além disso, o *smartphone* é frequentemente usado para fins de navegação. Ele guia seu usuário por ruas desconhecidas, bem como visualiza mensagens deixadas por visitantes anteriores, apontando um bom restaurante ou informando que determinada rua apresenta buracos, por exemplo.

Os aplicativos de *smartphone* são baseados na fusão de espaço físico com informações baseadas em localização da internet, sendo chamados *meios móveis*. Esta é uma forma especial de utilização de sistemas ciberfísicos. Mídias móveis resultam da combinação de mídia social com telefone celular, métodos de localização de posição, por exemplo sistema de gerenciamento global (Global Positioning System – GPS) e triangulação sem fio, georreferenciamento e cartografia digital para formar um novo contexto de infraestrutura.

O termo *mídia locativa* surgiu na década de 2000 no contexto de jogos de computador baseados em localização. O objetivo de fundir realidade virtual e física era transformar os espaços públicos em locais de diversão. Esse gênero de mídia locativa até bem pouco tempo desfrutou grande popularidade, como no jogo do Pokémon Go. Desde então, a fusão da realidade virtual e física também está ocorrendo em muitos outros serviços de *smartphone,* sendo designados como *serviços baseados em localização* (local based service – LBS).

O princípio funcional dos serviços baseados em localização não está exclusivamente vinculado ao *smartphone* mas tem precursores técnicos, como uma definição proeminente de mídia móvel. Mídia locativa refere-se a qualquer forma de mídia (desde telas de GPS no carro às etiquetas RFID) que apresenta reconhecimento de localização, a qual corresponde à capacidade de um dispositivo ser localizado em um espaço e fornecer aos usuários informações sobre seus arredores. No entanto, foi graças ao *smartphone* que esse tipo de mídia avançou em poucos anos para se tornar uma tecnologia adequada para uso na vida cotidiana.

O que é

RFID é a sigla para *Radio Frequency Identification* e constitui um método de identificação mediado por sinais de rádio que servem para recuperar e armazenar os dados a distância utilizando dispositivos nomeados de *tags* ou etiquetas RFID. Estas podem ser aplicadas em produtos, documentos, animais e seres humanos. Muitos consideram o sistema RFID o sucessor do sistema de código de barras, pois permite, entre outras coisas, que os produtores rastreiem um lote de determinado produto, reduzindo tempo e custos operacionais.

Quando os primeiros *smartphones* conquistaram o mercado há quase duas décadas, eles aumentaram digitalmente a realidade física. Boa parte das tentativas de realidade aumentada (RA) falharam em buscar seguir o movimento dos olhos com a precisão adequada, a fim de permitir que o conteúdo se adaptasse à visão do usuário em tempo real. O uso de um *smartphone* elimina esse problema, já que uma pessoa, em vez de usar os olhos, simplesmente aponta a câmera de seu dispositivo móvel na seção do espaço que é de interesse; e no lugar de projeções pesadas, o conteúdo digital é exibido na tela do smartphone. Essa nova abordagem contribuiu para o desenvolvimento de um número quase incalculável de aplicativos, que fornecem ao usuário informações baseadas em localização da internet em tempo real.

Podemos perceber o potencial das mídias móveis quando a tela do *smartphone* se torna uma extensão sensorial: na tela, a fusão de virtual e espaços físicos acontece; a realidade física cibernética torna-se visualmente acessível graças também a funções de tela sensível ao toque. Conforme comunicado na tela, surge um "espaço híbrido", cuja constituição é igualmente física e virtual, e que liga a comunicação da mídia social na internet de volta à uma localização física. Tal fusão ciberfísica tem consequências tanto no espaço físico qunato no ambiente virtual das redes sociais. Assim, tornam-se híbridas as fronteiras entre a realidade física e virtual, bem como entre a interação face a face e a interação baseada na mídia móvel.

Até 2020, foi possível observar três formas de uso das mídias móveis:

1) No contexto da mídia móvel, a anotação denota a ligação de coordenadas geográficas com informações virtuais na forma de comentários ou fotos. Normalmente, os usuários informam sobre experiências pessoais, fotos e opiniões de um local que foi visitado.

2) Muitos aplicativos de mídia móvel auxiliam seus usuários na navegação por locais desconhecidos. *Apps* como o Waze guiam seus usuários em um local com base em certos critérios, por exemplo, no interesse de evitar áreas perigosas ou com a presença de polícia. Os viajantes ou turistas visualizam várias opções de rota e informações anotadas em um mapa digital e usam essas informações para escolher suas rotas de viagem, muitas vezes enquanto estão viajando. Google Maps e OsmAnd são outros exemplos bastante conhecidos desse tipo de serviço de navegação locativa mais usados em todo o mundo.

3) Outro exemplo de aplicativo são aqueles para namoro, que indicam alguém que está próximo e corresponde às características indicadas no perfil. Esses aplicativos visualizam estruturas socioespaciais em um mapa local e ajudam seus usuários a encontrar pessoas com interesses semelhantes. Do ponto de vista da tecnologia da informação, à base do acaso, a gestão é formada por algoritmos de correspondência, que alinham as informações anotadas com perfis pessoais.

6.4
Mídia massiva e pós-massiva

Foram as duas primeiras revoluções da comunicação (a invenção da imprensa, e os avanços tecnológicos que permitiram desenvolver o rádio e a televisão) que fomentaram a formação da opinião pública e do próprio público. Segundo Tarde (2005, p. 10), "o público só pôde começar a nascer após o primeiro grande desenvolvimento da invenção da imprensa no século XVI". Durante séculos, jornal, rádio e televisão eram os únicos produtores de informação e conteúdo; tanto é assim que, por muito tempo (e em grande medida ainda hoje), essas mídias é que definiram o que era moradia, trabalho, diversão etc. Isso só começou a mudar no final do século passado, como você tem acompanhado ao longo deste livro.

Mesmo servindo como uma fonte de informação, a mídia massiva e do espetáculo oferece ao público exclusivamente a possibilidade de a informação e o entretenimento que ela produz. "Não é à toa que hoje, grande parte da população mundial não se sente representada pelos poderes eleitos, estes, em sua maioria, aliados ao grande império da comunicação de massa e das indústrias mundiais do entretenimento" (Lemos, 2007, p. 2).

No século XX, tem se processado o advento das redes telemáticas com a popularização do computador (sociedade da informação), originando novos hábitos de consumo, produção e circulação da informação, fazendo surgir uma comunicação planetária, reconfigurando a paisagem informacional.

O advento da cibercultura fez os sujeitos se tornarem parte das redes sociais que se constituem a todo momento na *web*, local onde os indivíduos podem não apenas consumir, mas também produzir informação em tempo real, além de interagir com outros internautas.

Canclini (2005) já chamava a atenção para os novos tipos de experiências que seriam proporcionadas pela convergência das mídias através do computador e da internet. De acordo com o autor, "a conjugação de telas de televisão, computadores e videogames está familiarizando as novas gerações com os modos digitais de experimentar o mundo, com os estilos e ritmos de inovações próprios destas redes" (Canclini, 2005, p. 237).

Assim, originaram-se outras formas de consumir a informação, o conhecimento e o entretenimento e com eles interagir. Nesse cenário, além dos usuários da internet, as empresas, principalmente as ligadas à área de comunicação, tiveram de se adaptar. A interconexão entre os computadores contribuiu para o nascimento de uma nova forma de comunicação.

Aqui vale fazer uma ressalva: não é apenas a relação com a tecnologia que muda as vidas das pessoas, também as formas de relação social (as emergentes e as redefinidas pela mediação tecnológica) adentram as tecnologias. Nesse sentido, é preciso analisar os processos atrelados às NTIs, mas não como fenômenos totalmente novos ou como resultado deles.

O grande fluxo de informações que circulam na rede faz da cibercultura uma cultura de acesso. Esse fato se deve à liberação do polo da emissão, sendo essa uma das características das mídias pós-massivas.

Lemos (2007, citado por Simões; Couto Júnior, 2010, p. 2) enfatiza essa característica da mídia pós-massiva ao afirmar que ela oferece ao usuário "a possibilidade de acesso, produção e circulação de informação", promovendo a personificação, publicação e a disseminação da informação sem a necessidade de uma mídia oficial ou permissão do Estado. Ao mesmo tempo que ela oferece essa possibilidade, é preciso ser mais criterioso e crítico no que se refere ao tipo de informação consumida, buscando sempre checar a veracidade da informação no intuito de evitar a disseminação de conteúdo falso, promovendo a desinformação.

Até bem pouco tempo atrás, o público consumia rádio e televisão sem ter a possibilidade de interferir no conteúdo que estava sendo transmitido e oferecido. Agora, porém, com a cultura digital, o público não é um simples ouvinte ou telespectador, é também produtor e emissor de informação, como comentamos no capítulo sobre prossumidor.

E o que são a mídia massiva e a mídia pós-massiva?

Antes de fazer a diferenciação, é importante esclarecermos que uma mídia não se opõe à outra, embora, em alguns momentos haja um maior investimento publicitário em uma em detrimento de outra; ainda assim, isso não implica a dissolução das mídias tradicionais ou massivas.

As **mídias massivas** ou **tradicionais** são representadas por jornais, revistas, rádio, televisão etc. Para existirem e funcionarem dependem da concessão do Estado e têm o fluxo de informação controlado. São mantidas via investimento publicitário, de políticos, grandes empresários ou empresas. Já as **mídias pós-massivas**, ou seja, a internet (e diversas outras ferramentas como *blogs*, *smartphones*, wikis, *podcasts*, *softwares*) são potencializadas pela articulação e globalização das redes, apresentam fluxo de informação descentralizado, ou seja, a emissão é aberta e conversacional.

As mídias massivas, até para manter os investimentos publicitários, buscam sempre produzir e/ou apresentar o sucesso, os *hits* do momento, pois isso gera audiência e atrai investimentos. A lógica é: quanto mais audiência, mais investimento publicitários e mais lucro. Elas estão alocadas em um espaço geográfico local ou internacional e têm uma grande importância na construção da opinião pública, além de importante papel social e político e do caráter informativo. As mídias massivas são voltadas para a "massa", ou seja, uma grande quantidade de receptores que recebem o conteúdo produzido no mesmo momento. As pessoas que formam a "massa" não se conhecem, têm pouca probabilidade de interagirem e não estão juntas espacialmente.

Já as mídias de função pós-massiva não estão localizadas em um território geográfico específico; elas estão, virtualmente, sobre todo o globo. Ao contrário da mídia massiva, como emissoras de televisão ou rádio, por exemplo, as mídias pós-massivas não competem entre si por verbas publicitárias. O produto oferecido é personalizado e o fluxo comunicacional é de todos-todos (bidirecional) e não um-todos (unidirecional) como ocorre com as mídias tradicionais.

Outro grande diferencial é que a mídia de função pós-massiva lida com nichos, ou seja, com um público segmentado, o que é denominado por Anderson (2006) como "cauda longa" (*long tail*).

Utilizando as ferramentas oferecidas por esse tipo de mídia, o usuário empreendedor pode gerir todo o processo criativo, constituindo sua comunidade de usuários sem necessitar de um intermediário para interagir diretamente com seu público específico. Segundo Lemos (2010), a mídia pós-massiva tem como princípios três pontos-chave da cibercultura, que são: (1) liberação da emissão; (2) conexão generalizada; e (3) reconfiguração das instituições.

O que é

O termo **cauda longa** foi cunhado pelo jornalista Chris Anderson (1961-) em livro homônimo (2006) para fazer referência às estratégias de vendas cujo foco é um mercado segmentado. A escolha do termo se deve ao fato de, ao examinar gráficos de vendas (linha vertical) e de produtos disponíveis (linha horizontal), Anderson ter notado que o formato destes se assemelhava ao de uma cauda.

O autor percebeu que os produtos mais genéricos alcançavam maior número de vendas, mas em pouca quantidade, ao passo que produtos voltados para um nicho ou público segmentado eram menos procurados, mas apresentavam uma variedade de opções. Considerando isso, Anderson concluiu que, a longo prazo, pode-se ter mais lucro ao se trabalhar com certa variedade de produtos. Por exemplo, no lugar de abrir uma loja de revistas, pode-se fundar uma de revistas especializadas (mangás, *comics*, *art novel*), cujo público é bastante específico, pequeno, mas fiel ao produto que consome.

No *marketing* digital, quando se adota o conceito da cauda longa, a estratégia é utilizar palavras-chave e a produção de conteúdos específicos para aquele nicho. O uso de palavras-chave facilita o processo de busca e coloca aquele produto ou empresa em evidência em pesquisas no Google, por exemplo. Utilizam-se as palavras mais pesquisadas sobre o conteúdo associado àquele tema. Ferramentas como Keyword Planner, SEMrush e Ubersuggest, por exemplo, além de fáceis de utilizar, orientam a escolha das palavras-chave baseando-se em dados.

Entretanto, não é possível utilizar termos da cauda longa para aumentar o número do tráfego orgânico de forma imediata, pois é algo que precisa ser pensado com planejamento para longo prazo. Na grande maioria das vezes, o consumidor busca comprar na internet produtos de difícil acesso em lojas *off-line* ou que estão com um melhor preço em lojas *on-line*. Assim, quando alguém decide comprar um produto na internet, não utiliza palavras genéricas para encontrá-lo. Essa pessoa busca por algo específico, da mesma forma que é feito em uma loja física. Por exemplo, não se fazem buscas na internet por "roupas" ou "tênis"; os termos são mais específicos, como: "roupas masculinas", "tênis feminino".

Para refinar a pesquisa, a tendência é usar "melhores marcas roupas masculina" ou "tênis feminino de marca x"; essas quatro ou mais palavras-chave é que alimentam a cauda longa e conduzem o internauta até o *site* ou *blog*.

Mais do que informativas, como as mídias massivas, as mídias pós-massivas são comunicativas justamente por promoverem a troca bidirecional de informações. Como enfatiza Lemos (2010, p. 158),

> Novas ferramentas comunicacionais com funções não massivas, como os blogs, os *podcasts*, os wikis, os fóruns de discussão, os *softwares* sociais, não funcionam pela centralização da

informação, não estão necessariamente ligados à publicidade e ao marketing que pagam as emissões, não são concessões do Estado e não se limitam a uma cobertura geográfica precisa.

Para que a interação entre os usuários faça sentido, são necessárias a criação e troca de significados, ou seja, a construção coletiva de um universo e um contexto de inteligibilidade. Retornamos aqui à ideia de "produção" como instrumento analítico que permite compreender as mudanças engendradas pelas tecnologias a partir das mesmas práticas dos sujeitos que as utilizam.

A construção de *blogs*, Facebook e outras redes sociais envolve um duplo processo de produção. Verifica-se a produção de conteúdo por parte dos autores desses espaços: aqueles que criam inscrições, postam fotos ou vídeos. A abertura de um *blog* ou perfil no Facebook implica a publicação de conteúdo por um autor (ou autores). Os *blogs* e perfis geralmente são baseados em iniciativas pessoais.

Entretanto, essa primeira produção de *blogs* e perfis do Facebook como espaços "pessoais" se transforma no momento em que são consumidos por outros atores constituídos como "leitores" (no caso dos *blogs*, são sujeitos que comentam o conteúdo publicado pelo autor) e como "amigos" (no caso de perfis do Facebook). A produção não é individual, mas é o resultado da ação coletiva. O consumo, por sua vez, pode envolver a participação ativa desses atores por meio de comentários.

A instância de comentários é decisiva na transformação de *blogs* e perfis, pois modificam a funcionalidade com que foram criados os espaços de comentários desde o surgimento dos *comments* entre diversos atores, sem que esses diálogos necessariamente tenham a ver com o assunto da publicação, até a publicação de fotos. No caso do Facebook, nessas fotos, os assuntos que aparecem são "marcados" para que outros usuários ou amigos vejam e/ou se reconheçam neles. Não apenas os criadores de *blogs* e sites do Facebook, então, geram conteúdo no ciberespaço, mas os sujeitos com quem interagem também transformam esses espaços "estranhos" na produção de diferentes conteúdos.

No ciberespaço, todos os usuários estão conectados a outros, o que gera uma maior interação e compartilhamento de conhecimento e ideais, sendo possível compartilhar documentos, de forma bastante rápida e dinâmica. Santaella (2002, p. 54) considera que a questão mais espetacular da era digital está no "poder dos dígitos para tratar toda informação, som, imagem, vídeo, texto, programas informáticos, com a mesma linguagem universal, uma espécie de esperanto das máquinas".

Um ponto extremamente relevante que devemos reiterar é que ainda existe uma grande parte da população que não tem acesso ou oportunidade de vivenciar o ciberespaço no cotidiano e usufruir de seu potencial. Britto (2009, p. 168) elenca os problemas de acesso a esse universo.

> Um primeiro é a existência de uma parcela de pessoas que não estão familiarizadas com a cultura digital, o que faz com que a cibercultura seja ainda uma cultura para uma parte da sociedade. Outro constrangimento é o da exclusão digital, que passa pela ausência de acesso ao ciberespaço, acesso esse que tem um custo elevadíssimo para a maioria da população. Sem falar nos conteúdos de acesso restrito a assinantes, que funcionam como limitação.

Todavia, essas limitações não afetam o crescimento do ciberespaço e de sua interferência no cotidiano. Jenkins (2009) defende que os novos meios não vieram para substituir os antigos, mas para modificá-los. As mídias tradicionais ou mídias *off-line* vêm buscando se adequar a essas mudanças, sendo mais céleres, transparentes e interativas no intuito de continuar sobrevivendo, conforme já comentamos em outro ponto desta obra.

6.5
Redes sociais

A cibercultura, por um lado, fornece satisfação emocional para os usuários das redes sociais; por outro lado, cria uma cultura que é completamente diferente da realidade do ambiente formal. Uma sociedade cibercultural torna global um mundo local. Essa sociedade global desenvolve um contexto que permite aos usuários produzirem culturas compartilhadas, constituir um mercado compartilhado e uma moeda comum (*bitcoins*). Todas as atividades culturais desenvolvidas no ciberespaço são realizadas em um mundo virtual ilimitado.

No imenso ciberespaço, as redes sociais são um ambiente de interação e divulgação de ideias, críticas, notícias, serviços e produtos administrado por usuários que podem ser pessoas, empresas ou instituições.

Como aponta Recuero (2009, p. 24), "Uma rede assim, é uma metáfora para observar os padrões de conexão de um grupo social, a partir das conexões estabelecidas entre os diversos atores. A abordagem de rede tem, assim, seu foco na estrutura social, onde não é possível isolar os atores sociais e nem suas conexões".

Com exceção do TikTok, para participar de uma rede social da *web,* é necessário realizar um cadastro para ter acesso ao conteúdo da plataforma. Apesar de haver grande número de redes sociais, as mais utilizadas no Brasil são o YouTube, o Facebook, o Instagram e o Twitter.

De acordo com o relatório *Global Digital 2019* (We are social, 2021), no Brasil, mais de 149 milhões têm acesso à internet. Em se tratando de redes sociais, 66% da população está conectada, ficando o país na 6º posição do *ranking* mundial.

Vale ressaltar que nem sempre a rede social preferida do profissional é a ideal para trabalhar com determinados conteúdos e atingir o nicho esperado. Por isso, é recomendável detectar qual é o interesse do público, como ele se comporta na rede, o que gosta de ver e, o principal, qual é a rede social mais acessada por ele.

Após o aparecimento das primeiras redes sociais digitais, as empresas de comunicação perceberam a necessidade de utilizar tais ferramentas para, não apenas divulgar conteúdo, mas também para manter e conseguir novos públicos no mundo digital. No Brasil, de acordo com o já citado Global Digital 2019 (We are social, 2021), os internautas passam em média 3 horas e 34 minutos *on-line* nas redes sociais, sendo o Facebook, a rede social com maior número de contas no mundo, sendo a segunda mais utilizada no país, com cerca de 130 milhões de contas. Além do Facebook, é possível encontrar *fanpages* de artistas, políticos e emissoras jornalísticas também no Twitter e Instagram. Alguns jornais e emissoras de TV também utilizam a plataforma do *Spotify* oferecendo *podcasts* sobre temas que estão em evidência na sociedade; todavia, tal conteúdo não é considerado *fanpage*.

No Brasil, cada vez mais as pessoas vêm buscando se informar por meio das redes sociais digitais. De acordo com estudo realizado pela empresa especializada em pesquisas digitais MindMiners em parceria com a Fundação Armando Álvares Penteado, em outubro de 2019, 80% das pessoas que têm acesso à internet utilizam as redes sociais para se manter informadas, embora mais de 50% não considerem esse canal confiável (Estudo..., 2019).

Mesmo estando presente nas redes sociais, o conteúdo disponibilizado nessas plataformas difere do que geralmente é apresentado *off-line*. Recuero, Bittencourt e Zago (2016) informam que novas características foram incorporadas para que os conteúdos publicados direcionem os seguidores para os *sites* das empresas. Entre as estratégias para isso estão a inclusão de *links* nas postagens, a publicação de assuntos em tempo real e a produção de conteúdo específico com uma linguagem adequada para as mídias *on-line*.

Os internautas podem fazer comentários sobre os *posts*, elogiando, criticando, sugerindo novas abordagens ou contri- buindo com outras informações ou conteúdo. Além disso, caso realmente tenham gostado daquele material, podem utilizar a ferramenta de compartilhamento viabilizando o acesso de outras pessoas àquela informação. De forma direta, essa figura acaba sendo um divulgador, um colaborador daquela empresa.

Nos últimos anos, na tentativa de "humanizar" empresas e marcas, tem se criado uma persona que utilizará uma linguagem bem mais flexível, informal, que estimula o internauta a se posicionar sobre o que foi postado, o que contribui para a proposição de uma nova relação entre aquela empresa de comunicação e o público.

Massuchin e Carvalho (2016) demonstram que geralmente nas redes sociais o conteúdo produzido é cada vez mais leve e voltado para entretenimento e curiosidades. Uma das táticas para verificar isso é observar a dinâmica de curtidas e compartilhamentos das matérias. Publicações com assuntos que recebem mais curtidas e que são mais compartilhadas servem como uma bússola para que as empresas saibam quais são os conteúdos que mais interessam a seus seguidores. Editorias que contam com maior engajamento, alcançando boas reações, curtidas e/ou compartilhamento, geralmente recebem mais investimentos.

Sobre as possibilidades para aproveitar as redes sociais na prática de produção de notícias, Brambilla (2005) considera que, por serem um bom espaço para se conseguir personagens, pautas e opiniões, as redes contribuem para a apuração de determinados assuntos e para a veiculação do conteúdo, com uma linguagem apropriada, escolhendo nichos e o melhor momento para a divulgação de determinados assuntos. Além disso, na opinião da autora, elas são um bom canal para ter um *feedback* aproveitando as informações espontâneas e gratuitas para melhorar o relacionamento com o público e o trabalho. A autora alerta, ainda, que, além de buscar informações nas redes sociais, os internautas indiretamente revelam dados e preferências, o que serve também como fontes de pesquisa que podem ser utilizadas por ferramentas do *big data*.

Pensando em como otimizar as publicações no Facebook, é interessante sempre que possível, utilizar algumas ferramentas do Facebook *Marketing*, entre elas:

- **EdgeRank**: Algoritmo que faz a mediação de cada postagem, classificando sua entrega.
- **Facebook Ads**: Mecanismo de publicidade e *marketing* que possibilita produzir campanhas e criar anúncios dentro da rede social, servindo para definir, com precisão, a audiência que a campanha e os *posts* pretendem atingir.
- **Transmissão ao vivo (*live streaming*)**: Durante algum tempo só era possível fazer transmissões pelo Facebook Mentions, que era disponível apenas para perfis verificados de políticos, atletas, atores e jornalistas. Atualmente, contas não verificadas também podem fazer *lives*. Caso não se deseje utilizar o Facebook Mentions para fazer as transmissões, pode-se utilizar o *app* Gerenciador de páginas na opção "Transmitir ao vivo", fazer uma breve descrição do vídeo e iniciar a transmissão. Além de possibilitar a interação em tempo real com os seguidores é também uma forma de humanizar o conteúdo da *fanpage*.
- **Author Tags**: Estratégia para otimizar e fidelizar a audiência vinculando a autoria dos artigos aos *posts* do Facebook.
- **Facebook Notes**: Plataforma com conteúdo semelhante ao de *blogs*. Pode ser utilizada para postagens mais longas e mais completas.
- **Instant Articles**: Ferramenta do Facebook com notícias e artigos. O app pode ler o *post* sem ser preciso acessar um navegador externo, pois o conteúdo está disponibilizado dentro do Facebook.

- **Facebook Insights**: Ferramenta que serve para analisar as métricas, conhecendo a *performance* das publicações (*posts*), e detectar mais informações sobre a segmentação do público-alvo. Para ver esse e outros dados, basta acessar a aba Informações da *fanpage*.

Essas são algumas das ferramentas disponibilizadas pelo Facebook que, se bem utilizadas, podem dar maior visibilidade aos *posts* das *fanpages*. É válido adicionar que o comportamento dos internautas está sempre mudando, sendo necessário se manter atento a isso, bem como, acompanhar as constantes adaptações das redes sociais e dos aplicativos que sempre vêm se atualizando e se adaptando ao comportamento desses usuários para não se tornarem obsoletos. Trabalhar com redes sociais, como o Facebook, exige mais do que postar conteúdo; demanda domínio técnico, capacidade de planejamento de publicações e conhecimentos sobre métricas de resultados.

Para saber mais

TV UFBA. **TV UFBA conecta - André Lemos discute internet, cibercultura e sociabilidade**. (13 min. 7 s). Disponível em: <https://www.youtube.com/watch?v=D4x5tliWGpA>. Acesso em: 25 fev. 2021.

Nessa entrevista, André Lemos discorre sobre Internet das Coisas, cidades inteligentes, redes sociais, isolamento, entre outros tópicos. Ele chama atenção para a necessidade de conexão que está se intensificando em virtude das redes sociais.

6.6
Big data e Internet das Coisas

Um número crescente de dispositivos e serviços de uso diário têm sido disponibilizados mundialmente. Dispositivos inteligentes estão povoando edifícios e fazendo funcionar as cidades inteligentes, nas quais a mobilidade urbana conta com transporte inteligente. *Inteligência*, nesse contexto, tornou-se sinônimo de Internet das Coisas (Internet of Things – IoT) – tecnologias que coletam e transmitem dados para algoritmos de processamento e aprendizado de máquina. A difusão de IoT representa um potencial sem precedentes para a experiência conectada (por meio de sensores e dados em rede), combinando perfeitamente o digital com o não digital e *on-line* com o *off-line*. A conectividade onipresente em tecnologias e aparelhos aumenta a eficiência e a produtividade de serviços, ampliando e valorizando a experiência humana.

Equipamentos de assistência a idosos, dispositivos domésticos inteligentes para otimização do consumo de energia, aplicativos da indústria para maior produtividade e aplicativos para dinamização de serviços são apenas alguns exemplos do grande potencial da IoT.

Como comenta Lemos (2013), o poder que antes era dos seres humanos estão sendo deslocados para os artefatos. Isso altera o comportamento humano no cotidiano, hoje povoado por não humanos (computadores, *tablets*, objetos inteligentes, *smartphones*); eles parecem ser os personagens da história, em vez dos homens. O autor, entretanto, não vê a técnica como algo que segrega a humanidade, pois a relação com a técnica é sempre de troca, de mediação, de delegação. "Cada vez mais não humanos agora "inteligentes", comunicativos, conectados e sensíveis ao ambiente", nos fazem fazer coisas, alterando a nossa forma de pensar e de agir, em todos os domínios da cultura (família, trabalho, escola, lazer)" (Lemos, 2013, p. 20).

A relação do ser humano com seus objetos úteis tem se estreitado sobremaneira. Por exemplo, a maior parte das pessoas não consegue ficar algumas horas sem utilizar seu aparelho celular ou sem postar ou acompanhar as atualizações das redes socais. Ao mesmo tempo, esses dispositivos também interpretam as ações dos usuários de forma que possam num momento posterior atender a suas necessidades. Assim, a Internet das Coisas tem mudado os hábitos dos indivíduos de forma quase imperceptível.

Os relógios inteligentes (*smartwatches*), por exemplo, coletam informações sobre o usuário, incluindo a temperatura, a pressão arterial, o horário que o sujeito foi dormir e como foi seu sono. Essas informações ajudam o indivíduo a entender o funcionamento de seu corpo, mas também servem para que empresas detectem comportamentos que, após coletados e organizados, são transformados em dados. Estes podem ser usados para o lançamento de um novo produto ou para que as empresas enviem mensagens sobre algum produto ou serviço potencialmente interessante para o indivíduo. Essas mensagens podem chegar ao celular desse sujeito ou aparecer no *feed* das redes sociais do usuário. É assim que a IoT e o *big data* trabalham juntos.

Aqui vale replicarmos a definição de *big data* formulada porRodrigues e Dias (2016, p. 224-225) e já expressa no Capítulo 3: "um grande volume de dados complexos que podem ser processados por sistemas informáticos com grande capacidade de processamento".

Uma das formas de acessar dados é se valer das ferramentas digitais como o Google Alerta ou o Google Trends. No primeiro, pode ser feita a solicitação para que seja notificado quando surgem novas informações sobre determinados conteúdos publicados na *web*. Já com o Trends é possível verificar quais são os assuntos mais relevantes do momento.

A seguir, elencamos algumas dicas para refinar ainda mais pesquisa no Google:

- **Busca por frases específicas**: Basta colocar a frase entre aspas ("frase") no buscador para que sejam exibidos como resultado apenas aqueles em que há a mesma sequência de termos da frase digitada.
- *Sites* **específicos**: Quando se sabe previamente que o assunto ou informação que se deseja está em um site específico, basta colocar o assunto e o nome do *site* para que os resultados exibidos coincidam apenas com o conteúdo de tal *site*.
- **Apresentação ou arquivos**: Caso se deseje obter resultados em apenas um formato específico de arquivo como PDF, XLSX ou TXT, por exemplo, basta informar o que se deseja (planilhas, relatórios) com o termo *filetype:pdf*, *filetype:docx*, *filetype:txt* e assim sucessivamente. Ex.: relatório técnico filetype:docx

- **Domínios**: Pesquisar por domínios da internet também ajuda a delimitar os resultados. Ex.: redes colaborativas site: edu
- **Palavras-chave em arquivo**: Caso se deseje realizar pesquisa sobre um tema apenas em arquivos em .pdf ou .docx, basta incluir na busca o tipo de arquivo e a extensão que se deseja. Ex.: artigo sobre assessoria de comunicação filetype:docx

Além do Google, é possível realizar pesquisas nas redes sociais como Twitter, Facebook e Instagram. O primeiro tem sido considerado o mais relevante para o jornalista, visto que apresenta comentários, quase em tempo real, sobre o que está acontecendo e é proeminente naquele momento; já os outros dois apresentam dados mais pessoais do usuário.

O Twitter permite verificar a quantidade de tuítes (postagens) sobre determinados assuntos, nas buscas avançadas, além de encontrar quem tuitou sobre aquele assunto próximo ao local onde ocorreu determinado acontecimento, por exemplo. Para isso, basta digitar <https://twitter.com/search-advanced> e informar como deseja realizar a busca avançada na rede social.

No Facebook, além do espaço de busca, *fanpages* ou grupos sobre determinados assuntos ou pessoas também podem ser acessados por pesquisas. Já o Instagram pode ser útil para encontrar postagens de celebridades, políticos, religiosos etc., sobre como se posicionam sobre determinado assunto, além de realizar pesquisa por geolocalização.

Uma ferramenta bastante útil para realizar a raspagem de dados coletados, por exemplo, nas redes sociais é o IfThisThanThat (IFTTT), que pode ser acesso pelo seguinte endereço: <https://ifttt.com/discover>. Esse recurso funciona mediante robôs e realiza a pesquisa e coleta para a qual foi programado, e depois insere o resultado em local que foi determinado pelo pesquisador.

Além do IFTTT, o Google Chrome disponibiliza ferramentas que realizam esse serviço.

Caso deseje usar o Google, a empresa oferece uma ferramenta que importa conteúdo da internet para o programa de planilhas Google Sheets. Para que a ação ocorra, é necessário usar a fórmula "=import "(URL do site"; "table" ou "list"; N)", que pode ser traduzida da seguinte forma: pedido de importação do seguinte endereço da página da internet (URL), acrescida da especificação se é tabela (*table*) ou lista (*list*) e do número indicando a posição da lista ou tabela no site que será raspado. Essas informações devem ser inseridas na primeira célula da tabela no *Sheets* e a importação é feita automaticamente.

Após a instalação da ferramenta, é preciso clicar no ícone para começar a programação da raspagem dos dados desejados.

Por fim, reforçamos a importância de o profissional da comunicação se manter atualizado acerca das ferramentas e programas que estão sendo utilizados nas redações jornalísticas; para isso, é válido participar dos fóruns de debates com outros jornalistas de dados que também podem auxiliar em alguma das etapas dessa prática.

Síntese

- A cibercultura tem mudado os hábitos dos indivíduos.
- O ciberespaço aumenta independentemente da existência de pessoas sem acesso à internet.
- A expressão *cauda longa* faz referência à estratégia de vendas cujo foco é um mercado segmentado.
- Formas de raspagem de dados permitem conhecer melhor o público.

Questões para revisão

1) A cibercultura é a cultura atrelada à utilização da internet em diferentes suportes tecnológicos (computador, *tablet*, *smartphone* etc.). Em geral, as interações sociais no interior da cibercultura são mediadas por redes de computadores, embora também possam ser estabelecidas por telefones celulares, *smartphones*, *iPods*, etc. A respeito da cibercultura, assinale a alternativa correta.

   a) Cunhado pelo teórico Wilson Gibson no seu famoso filme "Neuromancer", o termo *cibercultura* designa uma miríade de inovações e práticas relativas ao universo da informação.

   b) O fenômeno da cibercultura foi detectado a partir da crescente quantidade de tempo gasto pela família norte-americana da classe média com o uso de meios cibernéticos de comunicação.

   c) O surgimento da comunicação todos-todos, em oposição ao um-todos, quebrou a homogeneidade de conceitos até então consagrados, corroendo os fundamentos da cibercultura.

   d) Pierre Lévy define o ciberespaço como o espaço de comunicação aberto pela interconexão mundial dos computadores e das memórias dos computadores.

2) De modo geral, as novas tecnologias de informação estão associadas à interatividade e à quebra do modelo comunicacional um-todos, na qual a informação é transmitida de modo unidirecional, adotando-se o modelo todos-todos, em que aqueles que integram redes de conexão operacionalizadas por meio das NTIs participam do envio e do recebimento das informações.

Assinale a alternativa que apresenta a característica (de um sistema, equipamento, programa, etc.) que deve funcionar em interação com o usuário, ou seja, com a participação deste a cada etapa, por meio de comandos diante do repertório de opções disponíveis.

a) Interatividade é a qualidade do que é interativo. Não há processo de comunicação sem interatividade, na medida em que a comunicação pressupõe participação, interação e troca de mensagens por parte do usuário.

b) É muito fácil prever o impacto que temas novos têm sobre a comunicação com o uso das tecnologias digitais, pois pode-se antever os que acessam a informação, mesmo antes de postá-la.

c) As NTIs não se configuram como meio, pois: enfraquecem as fronteiras entre as organizações e seu meio ambiente; estimulam o trabalho em rede dentro das organizações e entre elas.

d) As NTIs não têm uma característica comunicativa e, por isso, não levam a informação a uma nova dimensão, mesmo sendo interativas.

3) Sensores são usados para extrair uma quantidade sem precedentes de dados, que podem ser filtrados e processados na Internet das Coisas (IoT). Os objetos podem prover comunicação entre usuários e dispositivos, viabilizando diversas aplicações, tais como coleta de dados de pacientes e monitoramento de idosos e sensoriamento de ambientes de difícil acesso. Acerca da IoT, assinale a alternativa correta.

a) IoT é uma forma mais econômica de acesso à internet, a qual permite que dispositivos como geladeiras ofereçam internet a celulares e computadores de usuários.

b) Como exemplo de IoT, é correto citar um dispositivo que mede a temperatura ambiente interna de um escritório e envia essa informação pela internet.

c) A IoT opera separadamente da Internet das Pessoas e, por isso, não é possível enviar os dados coletados por dispositivos conectados à IoT para a nuvem.

d) A IoT tem grande aplicação em ambientes domésticos e escritórios, mas pouca em ambientes industriais e dispensa a necessidade de aquisição de roteadores ADSL (Assymetrical Digital Subscriber Line, ou Linha Digital Assimétrica para Assinante) à parte.

Estudo de caso A

Walter é um fotógrafo que se especializou em fotografar *shows* e espetáculos teatrais. Nessa profissão, ele registrou atividades artísticas de grandes personalidades da música, do teatro, da televisão e do cinema nacional. Bastante conhecido na cidade em que vive por conta do seu trabalho, muitos artistas o contratam para fotografar apresentações em festas como São João ou *réveillon*, além de peças de teatro. Por causa da pandemia da Covid-19, seus contratos foram cancelados.

Considerando o que foi exposto neste livro, quais seriam as estratégias que esse profissional poderia adotar para encontrar outras formas de realizar seu trabalho, o qual não pode mais ser feito presencialmente?

Para analisar isso, é interessante conhecer o perfil de Walter.

Mesmo com perfis em algumas redes sociais, ele sempre foi avesso à tecnologia. Suas participações consistiam em compartilhar algum trabalho seu ou fotos aleatórias de situações do cotidiano ou de momentos pessoais em redes como o Facebook ou Instagram, por exemplo. Entretanto, ele não interagia de nenhuma forma com seus seguidores que sempre deixavam comentários elogiando seus trabalhos, e o conteúdo postado sempre teve bom engajamento, apesar disso. Em algumas oportunidades, chegava a fazer mais de 10 postagens no mesmo dia no Instagram.

Walter poderia, então, aproveitar melhor o ciberespaço para divulgar sua atuação como fotógrafo.

Para auxiliá-lo a superar suas dificuldades, certas intervenções se fazem necessárias para que, através das redes sociais e de forma colaborativa, ele possa oferecer o trabalho que faz para outras pessoas:

No que concerne às redes sociais, as primeiras ações que devem ser tomadas é a criação de um perfil profissional, no qual sejam colocados apenas imagens dos trabalhos anteriormente realizados, e a revisão do objetivo dos perfis no Instagram e no Facebook, por exemplo. Em paralelo, é interessante seguir outros profissionais que atuem na mesma área, ou seja, fotografia, teatro, música, cinema, além de casas de espetáculos, teatros, centro culturais, enfim, locais que também ofereçam atrações que Walter possa fotografar em algum momento futuro. É importante, ainda, procurar redes e grupos colaborativos que tenham como proposta divulgar trabalho de fotógrafos ou oferecer em plataformas trabalhos desses profissionais para possíveis interessados.

Ademais, é essencial definir o público que se deseja alcançar, a melhor forma de se comunicar com esse público e a linha editorial do perfil. Além das postagens sobre os trabalhos anteriormente realizados, podem ser postadas dicas e curiosidades sobre a área de fotografias, pois isso gera engajamento e atrai novos seguidores.

As fotos postadas no Instagram devem ser acompanhadas de *hastags* que tenham ligação com as imagens; com essa medida, outras pessoas que se interessam por aquele assunto poderão encontrar espontaneamente o perfil de Walter. O Instagram proporciona um contato mais rápido e o conteúdo postado é de rápido consumo, ao contrário do Facebook, sendo uma ótima ferramenta para fidelizar novos clientes e manter os já conquistados. O mais importante é iniciar a interação com o público desses novos perfis, porque a ausência de interação desestimula o usuário a se comunicar com o perfil da rede.

Walter precisa fazer um planejamento para o número de postagens em suas redes sociais, evitando excessos. Também tem de trabalhar com a interação do público na página. As legendas das imagens no Instagram devem ser curtas, pois os usuários não permanecem muito tempo em postagens que demandam muito tempo de concentração. Textos mais longos podem ser feitos no perfil do Facebook. As postagens no Instagram devem ser feitas com intervalo de 2 dias, no máximo. Já no Facebook, com intervalo de, no máximo, um dia.

Além dessas ações, Walter também pode buscar festivais virtuais de fotografias e inscrever seus trabalhos.

Dica 1

Muitas são as formas de se reinventar nesse período de pandemia.

O Serviço Brasileiro de Apoio às Micro e Pequenas Empresas (Sebrae) apresenta alguns casos de fotógrafos que tiveram de se reinventar e buscar alternativas para manter a rentabilidade durante a crise da Covid-19. Consulte:

SEBRAE – Serviço Brasileiro de Apoio às Micro e Pequenas Empresas. **Fotógrafas reinventam forma de trabalho durante crise da Covid-19**. 5 maio 2020. Disponível em: <https://www.sebrae.com.br/sites/PortalSebrae/artigos/fotografas-reinventam-forma-de-trabalho-durante-crise-da-covid-19,768c8e03b76e1710VgnVCM1000004c00210aRCRD>. Acesso em: 25 fev. 2021.

Dica 2

Como o fotógrafo pode trabalhar o marketing de suas redes sociais para melhorar seus resultados?

A Nossa Escola de Fotografia realizou várias *lives* com marqueteiros e fotógrafos no intuito de auxiliar, estrategicamente, profissionais que desejam utilizar as redes sociais para conseguir maior engajamento e clientes. É possível acompanhar a conversa entre diferentes profissionais sobre a sobrevivência da fotografia no período de quarentena:

NOSSA ESCOLA DE FOTOGRAFIA. **Nossa Aulive de Fotografia #2 – Fotografia em tempo de Quarentena**. (1 h 34 min. 42 s). Disponível em: <https://www.youtube.com/watch?v=9yeNYWnR88Q>. Acesso em: 25 fev. 2021.

Dica 3

A leitura do artigo "Imagens fotográficas nas redes sociais: entre fluxos, esgotamentos e criação" explora a fotografia qualificando-a como uma potência do invisível, do "espaço-entre" não afirmativo na experiência do dia a dia nas redes sociais. Esse escrito é uma referência para pensar outras formas de utilizar as redes sociais para expor o trabalho fotográfico.

FERNANDES, R. E.; AMORIM, A. C. R. de. Imagens fotográficas nas redes sociais entre fluxos e esgotamentos e criação. **Interfaces Científicas - Educação**, Aracaju, v. 6, n. 1, p. 177-188, out. 2017. Disponível em: <https://periodicos.set.edu.br/educacao/article/view/4247/2424>. Acesso em: 25 fev. 2021.

Estudo de caso B

Paulo é um antropólogo e desenvolve pesquisa com um grupo de idosos da cidade onde mora. Duas vezes por semana, ele visita um grupo de homens e mulheres idosos que moram em um condomínio para pessoas da terceira idade e que participam de um curso de extensão promovido por uma instituição de ensino superior (IES) da cidade. A pesquisa de Paulo se desenvolve da seguinte forma: entrevistas presenciais tendo como foco central analisar o uso que esses idosos fazem da internet; observação participante, que consiste numa técnica de investigação na qual o pesquisador-observador acompanha e participa de atividades e ocasiões do grupo escolhido para estudo.

A pesquisa vinha se desenvolvendo de forma bastante satisfatória mas, no final de março de 2020, a sociedade brasileira teve a rotina alterada diante do avanço da pandemia da Covid-19. Com isso, a pesquisa de Paulo foi impactada, pois os idosos fazem parte do grupo de risco da doença.

Logo no início, a perspectiva era de que a pandemia fosse controlada em pouco tempo, toda a rotina voltasse ao normal e Paulo continuaria a fazer sua pesquisa e os idosos voltariam a se reunir. No entanto, passaram-se mais de dez meses e as atividades presenciais continuam suspensas e o condomínio dos idosos isolado.

Diante disso, o que poderia ser realizado para que o vínculo entre o pesquisador e os pesquisados não se rompa e como ele pode continuar as atividades, mesmo a distância?

Para superar tais dificuldades, são necessárias intervenções específicas para cada agente envolvido:

Intervenções com os idosos: Os idosos são imigrantes digitais por terem nascido antes de tais tecnologias terem sido desenvolvidas. Todavia, eles vêm se adaptando ao uso de aparelhos como *smartphones* e *smartTVs*, objetos que passaram a fazer parte do cotidiano das pessoas, independentemente da idade. A sociabilidade digital dos idosos no ciberespaço vem acontecendo aos poucos, não sendo a internet um mundo totalmente estranho para a maioria deles. Assim, além do uso das novas tecnologias para realização de chamadas por vídeo, muitos idosos continuam utilizando tecnologias anteriores, como o telefone para fazer e receber ligações, sendo mais uma ferramenta de auxílio e de contato.

Intervenções com o pesquisador: É preciso fazer uma intervenção operacional, alterando a metodologia da pesquisa que não pode ter, no momento, entrevistas e contato presencial. Os encontros com os idosos e atividades poderão acontecer de forma remota, por meio de aplicativos como Skype, Zoom, Google Meet ou outros que permitam a participação de várias pessoas e não tenha um tempo limitado para transmissão. O pesquisador tem de se valer do fato de que a comunicação, via meios eletrônicos a partir do século XX trouxe importantes alterações nas sociedades, sendo possível adequar o formato de pesquisa de forma provisória. Por ser antropólogo, ele valoriza a metodologia de observação participante em sua pesquisa; nesse caso, o contato, mesmo que de forma virtual, serve para manter os laços já construídos com os idosos que, possivelmente, já conhecem ou utilizam algum tipo de tecnologia. Assim, a comunicação, o ato de partilhar, de participar de determinados momentos do dia daqueles idosos será de extrema importância e grande valia. Como Paulo já desenvolvia pesquisa sobre o uso da internet por esses idosos, fica mais fácil pensar estratégias para manter, pelo menos, um encontro semanal com suporte do aplicativo que seja acessível para todos.

Intervenções para idosos e pesquisador: Paulo precisa pensar em estratégias para manter o vínculo com todos os colaboradores da pesquisa. Ele pode fazer uso de diferentes tecnologias para não cansar os idosos. A primeira decisão é sobre realizar um ou dois encontros semanais, agora de forma virtual. O ideal seria que os encontros acontecessem no mesmo horário em que eram realizadas as reuniões presenciais. Após essa definição, eles têm de definir qual app conveniente para que todos participem desses encontros virtuais entre amigos e conhecidos em que cada um falará um pouco sobre como está se sentindo. É interessante também alternar o contato por meio de ligações ou *e-mails*, utilizando diferentes formas de interação para evitar que algum envolvido se canse. Esses recursos não substituem as interações no mundo físico, mas ajudam as pessoas a se sentirem menos sozinhas.

Dica 1

Muitas são as formas de se trabalhar com idosos e tecnologias digitais, principalmente num período de pandemia.

A CNN publicou matéria em que abordou como pessoas, em todo o mundo, têm recorrido à tecnologia para se manter conectadas durante a pandemia da COVID-19, havendo até mesmo casamentos com transmissão ao vivo e organização de *happy hours* virtuais com amigos.

YURIEFF, K. Tecnologia ajuda a manter contato com avós durante quarentena. **CNN**, 17 abr. 2020, Tecnologia. Disponível em: <https://www.cnnbrasil.com.br/tecnologia/2020/04/17/tecnologia-ajuda-a-manter-contato-com-avos-durante-quarentena>. Acesso em: 25 fev. 2021.

Dica 2

Como é a relação dos idosos com as novas tecnologias de informação?

A TV Futura abordou o tema no programa *Conexão Futura*. Dois professores que estudam a relação dos idosos com a tecnologia e um idoso falaram sobre isso, buscando descontruir o estigma de que os idosos não conseguem mais aprender.

CONEXÃO FUTURA. **Idosos e tecnologias - Conexão Futura - Canal Futura**. (24 min. 37 s). Disponível em: <https://www.youtube.com/watch?v=YAW1fDr_0Fo>. Acesso em: 25 fev. 2021.

Dica 3

No artigo "Saber digital e suas urgências: reflexões sobre imigrantes e nativos digitais", discute-se como é a relação entre aqueles que nasceram antes das inovações tecnológicas e aqueles que já nasceram em meio à cultura digital.

COELHO, P. M. F.; COSTA, M. R. M.; MATTAR NETO, J. A. Saber digital e suas urgências: reflexões sobre imigrantes e nativos digitais. **Educação & Realidade**, Porto Alegre, v. 43, n. 3, p. 1077-1094, jul./set. 2018. Disponível em: <https://www.scielo.br/scielo.php?script=sci_arttext&pid=S2175-62362018000301077#B18>. Acesso em: 25 fev. 2021.

Considerações finais

A grande participação dos internautas no ambiente virtual contribuiu para a redefinição da *web* e tem produzido grandes mudanças nos processos de comunicação, agora mediados por computador. Esse novo contexto formou um conjunto de novas estratégias mercadológicas a partir das mudanças na base do campo comunicacional, tanto no âmbito teórico quanto no prático.

No Capítulo 1, além de abordarmos os primórdios da comunicação e a história dos veículos midiáticos, explicitamos que a existência deles está, desde sempre, condicionada aos avanços tecnológicos e sociais.

Nos Capítulos 2 e 3, expusemos como as mudanças sociais e culturais estão refletidas no processo do comunicar, envolvendo tanto quem produz informação quanto quem a recebe, ressignificando a relação do ser humano com a tecnologia.

A mídia participativa está cada vez mais presente na atividade prática cotidiana. Nesse sentido, influencia profundamente o ritmo do dia a dia, as compreensões e as atividades sociais. Por isso, nos Capítulos 4, 5 e 6, discorremos sobre a importância das pessoas no processo comunicativo, o que fez surgir um novo fenômeno, nomeado *convergência social e cultural*. Tal fenômeno tem alterado a estrutura comunicacional, à qual as pessoas estavam acostumadas e que agora passa a ser bidimensional, de todos para todos. Nesse novo cenário, os indivíduos, que eram apenas consumidores, passaram a ser prossumidores, atuando em redes colaborativas e fazendo parte de algumas das etapas da criação de produtos, sendo um dos atores sociais mais importantes do ciberespaço.

Este livro apresenta várias camadas sobre a comunicação e seu desenvolvimento, tendo, porém, como foco a questão da mobilidade, da convergência e da sociedade em rede, contribuindo para que você, leitor, conheça um pouco mais sobre as mudanças das mídias massivas e pós-massivas.

Por fim, este trabalho deixa o aprendizado de que todos precisamos nos readequar a uma cultura cada vez mais convergente e participativa.

Lista de siglas

ADSL: Assymetrical Digital Subscriber Line (Linha Digital Assimétrica para Assinante)

AI: Artificial intelligence (inteligência artificial)

Arpa: Advanced Research Projects Agency

Cetic: Central Regional para o Desenvolvimento de Estudos sobre a Sociedade da Informação

Embratel: Empresa Brasileira de Comunicações

FTP: File Transfer Protocol

GIF: Graphic Interchange Format

GPS: Global Positioning System (sistema de gerenciamento global)

HTML: HyperText Markup Language

IBGE: Instituto Brasileiro de Geografia e Estatística

IES: Instituição de ensino superior

IoT: Internet of Things (Internet das Coisas)

ISDB-T: Integrated Services Digital Broadcasting-Terrestrial

JGD: Jornalismo guiado por dados

JPEG: Joint Photographic Experts Group

LBS: Local based service (serviço baseado em localização)

LGPD: Lei Geral de Proteção de Dados

Libras: Língua Brasileira de Sinais

MCT: Ministério da Ciência e Tecnologia

NBC: National Broadcasting Company

NTIs: Novas Tecnologias de Informação

NTSC: National Television System Commitee

ONG: Organização não governamental

RA: Realidade aumentada

RFID: Radio Frequency Identification (identificação por radiofrequência)

RNP: Rede Nacional de Pesquisas

Sebrae: Serviço Brasileiro de Apoio às Micro e Pequenas Empresas

SIS: Secret Intelligence Service (Serviço Secreto de Inteligência)

TIC: Tecnologia de informação e comunicação

UIT: União Internacional de Telecomunicações

XML: Extra Markup Language (Linguagem de Marcação Recomendada)

Referências

AGÊNCIA IBGE. **PNAD Contínua TIC 2017**: internet chega a três em cada quatro domicílios do país. 20 dez. 2018. Disponível em: <https://agenciadenoticias.ibge.gov.br/agencia-sala-de-imprensa/2013-agencia-de-noticias/releases/23445-pnad-continua-tic-2017-internet-chega-a-tres-em-cada-quatro-domicilios-do-pais>. Acesso em: 18 fev. 2021.

ALBUQUERQUE, O. **No ar a luz que fala**. Porto Alegre: Feplam, 1985.

ANDERSON, C. **A cauda longa**: do mercado de massa para o mercado de nicho. Tradução de Afonso Celso da Cunha Serra. 5. ed. Rio de Janeiro: Elsevier, 2006.

AZEVEDO, M. P. **A participação do consumidor feminino no processo de decisão de compra do vestuário do consumidor masculino**: estudo de caso – marca Peter Café Sport. 196 f. Dissertação (Mestrado em Ciências da Comunicação) – Universidade Católica Portuguesa, Lisboa, 2019. Disponível em: <https://repositorio.ucp.pt/bitstream/10400.14/28285/1/TESE%20DE%20MESTRADO%20-%20FINAL.pdf>. Acesso em: 23 fev. 2021.

BARBEIRO, H.; LIMA, P. R. de. **Manual de radiojornalismo**: produção, ética e internet. 2. ed. rev. e atual. Rio de Janeiro: Elsevier, 2003.

BARBOSA, S. **Jornalismo digital de terceira geração**. Covilhã: Labcom, 2007. Disponível em: <http://labcom.ubi.pt/ficheiros/20110824-barbosa_suzana_jornalismo_digital_terceira_geracao.pdf>. Acesso em: 22 fev. 2021. (Coleção Estudos em Comunicação).

BARBOSA, S. A.; TORRES, V. O paradigma 'Jornalismo Digital em Base de Dados': modos de narrar, formatos e visualização para conteúdos. **Galáxia**, São Paulo, v. 13, n. 25, p. 152-164, jun. 2013. Disponível em: <https://www.scielo.br/pdf/gal/v13n25/v13n25a13.pdf>. Acesso em: 23 fev. 2021.

BENDER, W. Prefácio. In: CORRÊA, E. S. **Estratégias 2.0 para a mídia digital**: internet, informação e comunicação. 3. ed. São Paulo: Senac, 2003.

BENJAMIN, W. A obra de arte na era da reprodutibilidade técnica. In: BENJAMIN, W. **Magia e técnica, arte e política**: ensaios sobre literatura e história da cultura. Tradução de Sérgio Paulo Rouanet. 8. ed. São Paulo: Brasiliense, 2012. p. 165-196.

BLOCKER, C. A idade pode definir se podemos usar ou não um biquíni? **Vogue**, 27 ago. 2020. Disponível em: <https://vogue.globo.com/semidade/noticia/2020/08/idade-pode-definir-se-podemos-usar-ou-nao-um-biquini.html>. Acesso em: 19 fev. 2021.

BORDENAVE, J. E. D. **O que é comunicação**. São Paulo: Brasiliense, 2006. (Coleção Primeiros Passos).

BORGES, P. C. R.; RHADDOUR, R. M. D. A arquitetura da informação em plataformas colaborativas como suporte para a gestão da inteligência coletiva nas organizações. **Biblios**, n. 69, p. 62-72, 2017. Disponível em: <http://www.scielo.org.pe/pdf/biblios/n69/a04n69.pdf>. Acesso em: 24 fev. 2021.

BÓRIO, P. M. C. **Prosumer**: o novo protagonista da comunicação. 109 f. Dissertação (Mestrado em Comunicação) – Universidade Federal da Paraíba, João Pessoa, 2014. Disponível em: <https://repositorio.ufpb.br/jspui/bitstream/tede/4490/1/arquivototal.pdf>. Acesso em: 23 fev. 2021.

BRASIL. Decreto n. 21.111, de 1º de março de 1932. **Diário Oficial da União**, Poder Legislativo, Brasília, DF, 4 mar. 1932. Disponível em: <https://www2.camara.leg.br/legin/fed/decret/1930-1939/decreto-21111-1-marco-1932-498282-publicacaooriginal-81840-pe.html>. Acesso em: 18 fev. 2021.

BRASIL. Lei n. 13.709, de 14 de agosto de 2018. **Diário Oficial da União**, Poder Executivo, Brasília, DF, 15 ago 2018. Disponível em: <http://www.planalto.gov.br/ccivil_03/_ato2015-2018/2018/lei/L13709.htm>. Acesso em: 23 fev. 2021.

BRAMBILLA, A. M. A identidade profissional no jornalismo open source. **Em Questão**, Porto Alegre, v. 11, n. 1, p. 103-119, jan./jun.2005. Disponível em: <https://seer.ufrgs.br/EmQuestao/article/view/114/72>. Acesso em: 25 fev. 2021.

BRETON, P. **História da informática**. São Paulo: Ed. da Unesp, 1987.

BRIGGS, A.; BURKE, P. **Uma história social da mídia**: de Gutenberg à internet. Tradução de Maria Carmelita Pádua Dias. Rio de Janeiro: Zahar, 2004.

BRITTO, R. R. **Cibercultura**: sob o olhar dos estudos culturais. São Paulo: Paulinas, 2009.

CANCLINI, N. G. **Diferentes, desiguais e desconectados**: mapas da interculturalidade. Tradução de Luiz Sérgio Henriques. Rio de Janeiro: Ed. da UFRJ, 2005.

CAPOBIANCO, M. Está em carentena? Como surgiram as gírias nascidas durante a pandemia. **Veja Rio**, 17 jul. 2020. Disponível em: <https://vejario.abril.com.br/cidade/girias-pandemia/>. Acesso em: 19 fev. 2021.

CASTELLS, M. **A galáxia da internet**: reflexões sobre a internet, os negócios e a sociedade. Tradução de Maria Luiza X. de A. Borges. Rio de Janeiro: Zahar, 2003.

CASTELLS, M. **A sociedade em rede**. Tradução de Roneide Venâncio Majer. 6. ed. rev. e ampl. São Paulo: Paz e Terra, 1999. v. 1: A Era da Informação: Economia, Sociedade e Cultura.

CASTELLS, M. **A sociedade em rede**. Tradução de Carlos Nelson Coutinho e Leandro Konder. São Paulo: Paz e Terra, 2011. v. 1: A Era da Informação: Economia, Sociedade e Cultura.

CETIC.BR. **TIC Domicílios 2019**. Principais resultados. 26 maio 2020. Disponível em: <https://cetic.br/media/analises/tic_domicilios_2019_coletiva_imprensa.pdf>. Acesso em: 25 fev. 2021.

CHARAUDEAU, P. **O discurso das mídias**. Tradução de Angela M. S. Corrêa. São Paulo: Contexto, 2007.

CHARTIER. R. Do códige ao monitor: a trajetória do escrito. Tradução de Jean Brint. **Estudos avançados**, São Paulo, v. 8, n. 21, p. 185-199, maio/ago. 1994. Disponível em: <https://www.scielo.br/pdf/ea/v8n21/12.pdf>. Acesso em: 18 fev. 2021.

CHIAVENATO, I. **Recursos humanos**: o capital humano das organizações. São Paulo: Atlas, 2004.

COATES, K.; ELLISON, A. **Uma introdução ao design de informação**. Porto Alegre: Bookman, 2014.

COSTA, F. S. da; KANYAT, L. Cultura participativa: uma análise de representação das fanfictions da telenovela Carrossel. In: CONGRESSO DE CIÊNCIAS DA COMUNICAÇÃO NA REGIÃO SUDESTE, 21., 2016, Salto. **Anais**... Disponível em: <https://www.portalintercom.org.br/anais/sudeste2016/resumos/R53-0440-1.pdf>. Acesso em: 23 fev. 2021.

COSTELLA, A. F. **Comunicação do grito ao satélite**: história dos meios de comunicação. São Paulo: Mantiqueira, 2002.

DONATO, A. S.; MONTARDO, S. P. Plataformas colaborativas de aprendizagem: um olhar sobre o Duolingo. In: CONGRESSO IBERO-AMERICANO DE DOCÊNCIA UNIVERSITÁRIA, 10., 2018, Porto Alegre. **Anais**… Porto Alegre: EdiPUCRS, 2019. Disponível em: <https://ebooks.pucrs.br/edipucrs/acessolivre/anais/cidu/assets/edicoes/2018/arquivos/65.pdf>. Acesso em: 24 fev. 2021.

EMARSYS. **Top 5 Social Media Predictions for 2019**. 3 jan. 2019. Disponível em: <https://emarsys.com/learn/blog/top-5-social-media-predictions-2019/. Acesso em: 25 fev 2018.

ESTUDO do NIMD FAAP e da MindMiners revela que brasileiros consideram as redes sociais menos confiáveis do que outros canais, apesar de serem as mais utilizadas. **FAAP**, 25 out. 2019, Notícias. disponível em: <http://www.faap.br/noticia/estudo-do-nimd-faap-e-da-mindminers-revela-que-brasileiros-consideram-as-redes-sociais-menos-confiaveis-do-que-outros-canais-apesar-de-serem-as-mais-utilizadas/802>. Acessoem: 25 fev. 2021.

FARO, J. S. Marshall McLuhan 40 anos depois: a mídia como a lógica de dois tempos. **Revista Fronteiras: estudos midiáticos**, v. 6, n. 2, p. 57-66, jul./dez. 2004. Disponível em: <http://revistas.unisinos.br/index.php/fronteiras/article/view/6591>. Acesso em: 19 fev. 2021.

FERRARETTO, L. A. **Rádio**: o veículo, a história e a técnica. 2. ed. Porto Alegre: Sagra Luzzatto, 2001.

FERRARI, B. Twitter decreta fim das "kibadas" entre perfis. **Época**, 27 set. 2015. Disponível em: <https://epoca.globo.com/vida/experiencias-digitais/noticia/2015/07/twitter-decreta-fim-das-kibadas.html>. Acesso em: 19 fev. 2021.

FERRARI, P. **Jornalismo digital**. São Paulo: Contexto, 2004.

FERRARI, P. **Jornalismo digital**. São Paulo: Contexto, 2007.

FIORIN, J. L. A internet vai acabar com a língua portuguesa? **Texto Livre: Linguagem e Tecnologia**, Belo Horizonte, v. 1. n. 1, p. 2-9, out. 2008. Disponível em: <https://periodicos.ufmg.br/index.php/textolivre/article/view/16543/13309>. Acesso em: 19 fev. 2021.

FOLHA DE S.PAULO. **Manual da redação**. São Paulo: Publifolha, 2018.

FONSECA, M. J. et al. Tendências sobre as comunidades virtuais da perspectiva dos prosumers. **RAE Eletrônica**, v. 7, n. 2, jul./dez. 2008. Disponível em: <https://www.scielo.br/pdf/raeel/v7n2/08.pdf>. Acesso em: 23 fev. 2021.

FRANÇA, V. V.; MARTINO, L. C.; HOHLFELDT, A. (Org.). **Teorias da comunicação**: conceitos, escolas e tendências. 5. ed. Petrópolis: Vozes, 2001.

GIBSON, W. **Neuromancer**. 5. ed. São Paulo: Aleph, 2016.

GIOVANNINI, G. **Evolução na comunicação**: do sílex ao silício. Tradução de Wilma Freitas Ronald de Carvalho. Rio de Janeiro: Nova Fronteira, 2000.

GODOY, C. L. B. de. **A liberdade de imprensa e os direitos da personalidade**. São Paulo: Atlas, 2008.

HAVELOCK, E. A. **A revolução da escrita na Grécia e suas consequências culturais**. Tradução de Ordep José Serra. São Paulo: Paz e Terra, 1996.

JENKINS, H. **Cultura da convergência**. Tradução de Susana Alexandria. São Paulo: Aleph, 2008.

JENKINS, H. **Cultura da convergência**. Tradução de Susana Alexandria. 2. ed. atual. e ampl. São Paulo: Aleph, 2009.

JENKINS, H.; GREEN, J.; FORD, S. **Cultura da conexão**. Tradução de Patrícia Arnaud. São Paulo: Aleph, 2014.

JOHNSON, S. **De onde vêm as boas ideias**: uma história natural da inovação. Tradução de Maria Luiza X. de A. Borges. Rio de Janeiro: Zahar, 2010.

KARHAWI, I. Influenciadores digitais: o eu como mercadoria. In: SAAD, E.; SILVEIRA, S. C. (Org.). **Tendências em comunicação digital**. São Paulo: ECA/USP, 2016. p. 38-58.

KERCKHOVE, D. de. **A pele da cultura**. Tradução de Luís Soares e Catarina Carvalho. Lisboa: Relógio D'Água, 1995. (Coleção Mediações).

LAGE, N. **Linguagem jornalística**. São Paulo: Ática, 2003. (Série Princípios).

LEMOS, A. **A comunicação das coisas**: teoria ator-rede e cibercultura. São Paulo: Annablume, 2013.

LEMOS, A. Celulares, funções pós-midiáticas, cidade e mobilidade. **urbe: Revista Brasileira de Gestão Urbana**, Curitiba, v. 2, n. 2, p. 155-166, jul./dez. 2010. Disponível em: <https://periodicos.pucpr.br/index.php/Urbe/article/view/5344/20871>. Acesso em: 25 fev. 2021.

LEMOS, A. **Cibercultura**: tecnologia e vida social na cultura contemporânea. 2. ed. Porto Alegre: Sulina, 2004.

LEMOS, A. (Org.). **Cidade digital**: portais, inclusão e redes no Brasil. Salvador: Edufba, 2007.

LÉVY, P. **A conexão planetária**: o mercado, o ciberespaço, a consciência. Tradução de Maria L. Homem e Ronaldo Entler. São Paulo: Ed. 34, 2001.

LÉVY, P. **A inteligência coletiva**: por uma antropologia do ciberespaço. Tradução de Luiz Paulo Rouanet. São Paulo: Loyola, 1998.

LÉVY, P. **Cibercultura**. Tradução de Carlos Irineu da Costa. 1. ed. São Paulo: Ed. 34, 1999. (Coleção Trans).

LÉVY, P. **Cibercultura**. Tradução de Carlos Irineu da Costa. São Paulo: Ed. 34, 2009. (Coleção Trans).

LIMA-MARQUES, M.; MACEDO, F. L. O. de. Arquitetura da informação: base para a gestão do conhecimento. In: TARAPANOFF, K. (Org.). **Inteligência, informação e conhecimento em corporações**. Brasília: Ibict; Unesco, 2006. p. 241-255. Disponível em: <https://livroaberto.ibict.br/bitstream/1/465/1/Inteligencia%2c%20informa%c3%a7%c3%a3o%20e%20conhecimento.pdf>. Acesso em: 24 fev. 2021.

LIPOVETSKY, G.; SERROY, J. **A cultura-mundo**: resposta a uma sociedade desorientada. Tradução de Maria Lúcia Machado. São Paulo: Cia das Letras, 2011.

MANOVICH, L. Novas mídias como tecnologia e ideia: dez definições. In: LEÃO, L. (Org.). **O chip e o caleidoscópio**: reflexões sobre as novas mídias. São Paulo: Senac, 2008. p. 25-50.

MARQUES, L. K. da S.; VIDIGAL, F. Prosumers e redes sociais como fontes de informação mercadológica: uma análise sob a perspectiva da inteligência competitiva em empresas brasileiras. **TransInformação**, Campinas, v. 30, n. 1, p. 1-14, jan./abr. 2018. Disponível em: <https://www.scielo.br/pdf/tinf/v30n1/2318-0889-tinf-30-1-0001.pdf>. Acesso em: 23 fev. 2021.

MARR, B. **Big Data in Practice**: How 45 Successful Companies Used Big Data Analytics to Deliver Extraordinary Results. New York: John Wiley Sons, 2016.

MARQUES DE MELO, J. **Jornalismo opinativo**: gêneros opinativos no jornalismo brasileiro. 3. ed. Campos do Jordão: Mantiqueira, 2003.

MASON, P. **Pós-capitalismo**: um guia para o nosso futuro. Tradução de José Geraldo Couto. São Paulo: Cia das Letras, 2015.

MASSUCHIN, M. G.; CARVALHO, F. C. de. Conteúdo jornalístico nas redes sociais: as estratégias dos jornais brasileiros no Facebook. **Textual & Visual Media**, n. 9, p. 155-176, nov. 2016. Disponível em: <https://textualvisualmedia.com/index.php/txtvmedia/article/view/70/57>. Acesso em: 25 fev. 2021.

MCQUAIL, D. **Teoria da comunicação de massas**. Lisboa: Fundação Calouste Gulbenkian, 2003.

MEDINA, C. **Entrevista**: o diálogo possível. São Paulo: Ática, 2008.

MIELNICZUK, L.; SOUZA, M. D. Aspectos da narrativa transmidiática no jornalismo da revista Época. **Comunicação & Inovação**, São Caetano do Sul, v. 11, n. 20, p. 35-42, jan./jun. 2010. Disponível em: <https://seer.uscs.edu.br/index.php/revista_comunicacao_inovacao/article/download/947/770/3291#:~:text=Dois%20aspectos%20da%20narrativa%20transmidi%C3%A1tica,narrativas%20entre%20os%20diferentes%20suportes2.>. Acesso em: 22 fev. 2021.

MOLINA, M. C. G. A internet e o poder da comunicação na sociedade em rede: influências nas formas de interação social. **Revista Metropolitana de Sustentabilidade**, São Paulo, v. 3, n. 3, p. 102-115, set./dez. 2013. Disponível em: <https://revistaseletronicas.fmu.br/index.php/rms/article/view/202/pdf_1>. Acesso em: 5 jan. 2021.

MOTA, R.; TOME, T. Uma nova onda no ar. In: BARBOSA FILHO, A.; CASTRO, C.; TOME, T. (Org.). **Mídia digitais**: convergência tecnológica e inclusão digital. São Paulo: Paulinas, 2014. p. 51-84.

PADILHA, S. A cibercultura manifesta na prática do webjornalismo. **Comunicação & Sociedade**, São Bernardo do Campo, v. 30, n. 50, p. 103-120, jul./dez. 2008. Disponível em: <https://www.metodista.br/revistas/revistas-ims/index.php/CSO/article/view/711/712>. Acesso em: 25 fev. 2021.

PATERNOSTRO, V. I. **O texto na TV**: manual de telejornalismo. 2. ed. Rio de Janeiro: Elsevier, 2006.

PAULUK, M. Um novo olhar sobre a escrita: a contribuição das ciências cognitivas e da semiótica para o desenvolvimento de uma ciência da escrita. **Ciências & Cognição**, v. 2, p. 2-10, jul. 2004. Disponível em: <http://pepsic.bvsalud.org/pdf/cc/v2/v2a02.pdf>. Acesso em: 18 fev. 2021.

PEZZOTTI, R. Com 3,9 bilhões de usuários no mundo, o que acontece na web em um minuto? **Uol**, 1º abr. 2019. Disponível em: <https://economia.uol.com.br/noticias/redacao/2019/04/01/com-39-bilhoes-de-usuarios-no-mundo-o-que-acontece-na-web-em-um-minuto.htm>. Acesso em: 18 fev. 2021.

PINHO, J. B. **Jornalismo na internet:** planejamento e produção da informação on-line. 2. ed. São Paulo: Summus, 2003.

PRADO, M. **Produção de rádio**: um manual prático. Rio de Janeiro: Elsevier, 2006.

PRIMO, A. **Interação mediada por computador**: comunicação, cibercultura, cognição. Porto Alegre: Sulina, 2009.

PRIMO, A. F. T.; RECUERO, R. da C. Hipertexto cooperativo: uma análise da escrita coletiva a partir dos blogs e da Wikipédia. **Revista da FAMECOS**, Porto Alegre, n. 22, p. 54-65, dez. 2003. Disponível em: <https://revistaseletronicas.pucrs.br/ojs/index.php/revistafamecos/article/view/3235/2496>. Acesso em: 23 fev. 2021.

RAMAL, A. C. **Educação na cibercultura**: hipertextualidade, leitura, escrita e aprendizagem. Porto Alegre: Artmed, 2002.

RECUERO, R. **A conversação em rede**: comunicação mediada pelo computador e redes sociais na internet. Porto Alegre: Sulina, 2003. (Coleção Cibercultura).

RECUERO, R. **Redes sociais na internet**. Porto Alegre: Sulina, 2009.

RECUERO, R. **Reputação, popularidade e autoridade em redes sociais na internet**. 28 out. 2008. Disponível em: <http://www.raquelrecuero.com/arquivos/reputacao_popularidade_e_autoridade_em_redes_sociais_na_internet.html>. Acesso em: 25 fev. 2021.

RECUERO, R.; BITTENCOURT, M. C. A.; ZAGO, G. O discurso de veículos jornalísticos e a repercussão da audiência no Twitter sobre os protestos de 15 de março de 2015 no Brasil. Intercom, São Paulo, v. 39, n. 3, p. 115-134, set./dez. 2016. Disponível em: <https://www.scielo.br/pdf/interc/v39n3/1809-5844-interc-39-3-0115.pdf>. Acesso em: 5 jan. 2021.

RIBEIRO, A. P. G.; SACRAMENTO, I.; ROXO, M. **História da televisão no Brasil**: do início aos dias de hoje. São Paulo: Contexto, 2010.

ROCKET CONTENT. **Social Media Trends 2019**. Disponível em: <https://cdn2.hubspot.net/hubfs/355484/Social%20Media%20Trends%202019.pdf>. Acesso em: 25 fev. 2021.

RODRIGUES, A. A.; DIAS, G. A. Perspectivas do big data na sociedade do controle: uma análise dos processos informacionais. In: SILVA, F. F. da. (Org.). **Transmutações no jornalismo**. Campina Grande: EDUEPB, 2016. p. 223-246.

ROSSINI, M. C. As origens do castelo da Faber-Castell. **Superinteressante**, 28 ago. 2020. Disponível em: <https://super.abril.com.br/cultura/as-origens-do-castelo-da-faber-castell/>. Acesso em: 19 fev. 2021.

SAAD, B. **Estratégias 2.0 para a mídia digital**: internet, informação e comunicação. São Paulo: Senac, 2008.

SALZMAN, M.; MATATHIA, I.; O'REILLY, A. **Buzz**: a era do marketing viral – como aumentar o poder da influência e criar demanda. Tradução de Gilson César Cardoso de Sousa. São Paulo: Cultrix, 2003.

SAMPAIO, M. F. **História do rádio e da televisão no Brasil e no mundo**. Rio de Janeiro: Achiamé, 1984.

SANDVOSS, C. Quando a estrutura e a agência se encontram: os fãs e o poder. Tradução de Simone do Vale. **Ciberlegenda**, Rio de Janeiro, n. 28, p. 8-41, 2013. Disponível em: <https://periodicos.uff.br/ciberlegenda/article/viewFile/36927/21502>. Acesso em: 23 fev. 2021.

SANTAELLA, L. A crítica das mídias na entrada do século 21. In: PRADO, J. L. A. (Org.). **Crítica das práticas midiáticas**: da sociedade de massa às ciberculturas. São Paulo: Hacker, 2002.

SANTAELLA, L. Desafios da ubiquidade para a educação. **Revista Ensino Superior**, abr. 2013. Disponível em <https://www.revistaensinosuperior.gr.unicamp.br/artigos/desafios-da-ubiquidade-para-a-educacao>. Acesso em: 19 fev. 2020.

SANTOS, E. Educação on-line para além da EaD: um fenômeno da cibercultura. In: SILVA, M.; PESCE, L.; ZUIN, A. (Org.). **Educação online**: cenário, formação e questões didático-metodológicas. Rio de Janeiro: Walk, 2010.

SCALZO, M. **Jornalismo de revista**. São Paulo: Contexto, 2006.

SEVCENKO, N. **A corrida para o século XXI**: no loop da montanha-russa. São Paulo: Cia das Letras, 2001.

SHIRKY, C. **A cultura da participação**: criatividade e generosidade no mundo conectado. Tradução de Celina Portocarrero. São Paulo: Zahar, 2011.

SILVA, L. H. da. Novas tecnologias. In: CATTANI, A. D. (Org.). **Trabalho e tecnologia**: dicionário crítico. Petrópolis: Vozes, 1997.

SIMÕES, A. P. L.; COUTO JÚNIOR, D. R. do. Das mídias de massa às mídias pós-massivas: uma reflexão sobre o letramento na cibercultura. In: CONGRESSO INTERNACIONAL COTIDIANO, 3., 2010, Niterói. **Anais**... Disponível em: <https://www.academia.edu/4001194/Das_M%C3%ADdias_de_massa_%C3%A0s_m%C3%ADdias_p%C3%B3s_massivas_uma_reflex%C3%A3o_sobre_o_letramento_na_cibercultura?auto=download>. Acesso em: 25 fev. 2021.

STRAUBHAAR, J.; LAROSE, R. **Comunicação, mídia e tecnologia**. Tradução de José Antonio Lacerda Duarte. São Paulo: Pioneira Thompson Learning, 2004.

TAKAHASHI, T. (Org.). **Sociedade da informação no Brasil**: livro verde. Brasília: Ministério da Ciência e Tecnologia, 2000. Disponível em: <https://livroaberto.ibict.br/bitstream/1/434/1/Livro%20Verde.pdf>. Acesso em: 19 fev. 2021.

TARAPANOFF, K.; ALVARES, L. Perspectivas em inteligência organizacional e competitiva na web 2.0: uma visão geral. In: TARAPANOFF, K. (Org.). **Análise da informação para tomada de decisão**: desafios e soluções. Curitiba: Intersaberes, 2015. p. 21-59.

TARDE, G. de. **A opinião e as massas**. Tradução de Eduardo Brandão. São Paulo: M. Fontes, 2005.

THOMPSON, J. B. **A mídia e a modernidade**: uma teoria social da mídia. Tradução de Wagner de Oliveira Brandão. 5. ed. Petrópolis. RJ: Vozes, 1998.

THOMPSON, J. B. A nova visibilidade. Tradução de Andrea Limberto. **MATRIZes**, v. 1, n. 2, p. 15-38, abr. 2008. Disponível em: <https://www.revistas.usp.br/matrizes/article/view/38190/40930>. Acesso em: 23 fev. 2021.

TOFFLER, A. **A terceira onda**. Tradução de João Távora. 8. ed. Rio de Janeiro: Record, 1980.

TORQUATO, R. C.; BULIK, L. Jornalismo digital: a forma in forma o conteúdo da notícia. **Comunicação: Veredas**, São Paulo, v. 4, n. 4, 2005. Disponível em: <https://www.unimar.br/biblioteca/publicacoes/comunicacao04.pdf>. Acesso em: 25 fev. 2021.

XAVIER, A.; RODRIGUES, L. Técnicas e práticas para elaborar reportagens telejornalísticas. In: INTERCOM – SOCIEDADE BRASILEIRA DE ESTUDOS INTERDISCIPLINARES DA COMUNICAÇÃO; CONGRESSO DE CIÊNCIAS DA COMUNICAÇÃO NA REGIÃO NORTE, 12., 2013, Manaus. **Anais**... Disponível em: <https://portalintercom.org.br/anais/norte2013/resumos/R34-0170-1.pdf>. Acesso em: 19 fev. 2021.

WE ARE SOCIAL. **Global Digital 2019**. Disponível em: <https://wearesocial.com/blog/2019/01/digital-2019-global-internet-use-accelerates>. Acesso em: 25 fev. 2021.

Bibliografia comentada

ANDERSON, C. **A cauda longa**: do mercado de massa para o mercado de nicho. Tradução de Afonso Celso da Cunha Serra. 5. ed. Rio de Janeiro: Elsevier, 2006.

Essa obra é bastante conhecida entre estudiosos de diferentes áreas da comunicação (publicidade, *marketing*, jornalismo), bem como no segmento de administração de empresas. Didaticamente, Anderson trata da segmentação de mercado (nicho) e apresenta modos de se relacionar com o público-alvo, analisando, ainda, questões referentes à propaganda, ao empreendedorismo e a finanças.

Nesse livro, o autor argumenta que a economia e a cultura do século XX voltaram-se para públicos específicos e segmentados. Examinando aspectos do mercado cultural, Anderson conclui que os pequenos nichos de público-alvo estão na "cauda longa" e que, ao saberem lidar com ela, as empresas podem obter significativo retorno de seus consumidores e segurança caso o mercado colapse.

JENKINS, H. **Cultura da convergência.** Tradução de Susana Alexandria. 2. ed. atual. e ampl. São Paulo: Aleph, 2009.

Nessa obra, Jenkins, explica a chamada *convergência das mídias* e avalia como ela transforma a recepção e o consumo de um produto pelo público. A relevância desse material reside no fato de explorar como a convergência influencia, horizontalmente, as relações entre o público de uma audiência e, verticalmente, entre a audiência e a produção no nível social, algo que não havia sido estudado até então.

Ao longo desse trabalho, Jenkins conceitua convergência como um processo não apenas tecnológico, mas também mercadológico, cultural e social. Assim o faz porque ele entende que a convergência modifica os canais de transmissão tradicionais de mídia, redefinindo a indústria cultural e levando as produtoras de conteúdo a repensarem como percebem o público e se relacionam com ele.

LEMOS, A. **A comunicação das coisas**: teoria ator-rede e cibercultura. São Paulo: Annablume, 2013.

Ao longo dos sete capítulos da obra, a qual conta também com uma entrevista com o antropólogo Bruno Latour, Lemos apresenta a teoria ator-rede no contexto da cibercultura, em que a técnica e o social estão visivelmente mais imbricados. Ademais, o autor reflete sobre os processos de mediação, que envolvem práticas inerentes ao ciberespaço, com a inserção e o uso de tecnologias móveis no cotidiano e a reconfiguração das noções de tempo e espaço que suscitam. Soma-se a isso a discussão, sob uma perspectiva circular, a respeito do dinamismo da vida social na era da conexão, em que os objetos intervêm nas ações humanas, e vice-versa.

SHIRKY, C. **A cultura da participação:** criatividade e generosidade no mundo conectado. Tradução de Celina Portocarrero. São Paulo: Zahar, 2011.

Clay Shirky, um dos maiores estudiosos das mudanças que a internet tem acarretado na contemporaneidade, examina, por meio de exemplos, o poder que as mídias sociais detêm, como operam para reformular o comportamento das pessoas e a sociedade. Nessa perspectiva, o autor apresenta a noção de excedente cognitivo, concernente à soma de tempo, energia e talento de cada indivíduo. Segundo Shirky, ele possibilita que os internautas (antes isolados) agrupem-se em rede e promovam transformações em prol de um causa comum, isso graças ao acesso à tecnologia. No decorrer da discussão, esse teórico enfatiza que as pessoas e seus respectivos comportamentos estão no centro da revolução digital.

THOMPSON, J. B. **A mídia e a modernidade**: uma teoria social da mídia. Tradução de Wagner de Oliveira Brandão. 5. ed. Petrópolis. RJ: Vozes, 1998.

Nesse livro, Thompson se propõe a entender as formas complexas pelas quais a mídia começou a moldar o mundo contemporâneo. Assim, ele desenvolve a teoria social da mídia e posiciona o estudo da mídia no âmago das pesquisas sobre as sociedades modernas. Além disso, discute os tipos de interação mediada e quase mediada e como a interação face a face complementa-se por meio deles; discorre sobre questões relacionadas à visibilidade e às novas visibilidades emergentes com o desenvolvimento dos meios de comunicação; e reflete a respeito de como o uso dos meios de comunicação faz surgir outras formas de ação e de interação social.

Respostas

Capítulo 1

Questões para revisão

1) c
   Considera-se linguagem tudo o que possibilita o estabelecimento da comunicação (cores, sinais, sons etc., signos estes decifrados por quem os recebe).
2) a
   A invenção da prensa democratizou o acesso aos livros e aos folhetos.
3) d
   Todo e qualquer tipo de mensagem necessita de um canal para ser emitido.
4) c
   Não existe sociedade sem comunicação, visto que é sua base e se confunde com a própria vida humana.
5) b
   O *Correio Braziliense*, mesmo com textos em português, não era publicado no Brasil, visto que se contrapunha ao governo vigente. Já a *Gazeta do Rio de Janeiro* fazia parte da mídia oficial da família real.
6) a
7) d
   Durante essa transmissão, executou-se *O guarani* e Epitácio Pessoa fez um pronunciamento.

8) c
Os meios de comunicação surgem paralelamente ao desenvolvimento da tecnologia, sendo um reflexo da sociedade que integram.

9) c
A internet permitiu a mudança do polo emissor da mensagem e, com a convergência, o internauta pode, entre outras ações, reconfigurar todo e qualquer tipo de conteúdo disponibilizado na rede.

Capítulo 2

Questões para revisão

1) c
O lide é um modo de produção de notícias estruturado conforme a pirâmide invertida, em que seis (ou o maior número possível) de questões são respondidas no começo da matéria.

2) b
A reportagem está inclusa no gênero interpretativo. Em virtude da extensão de seu conteúdo, é capaz de apontar causas e desdobramentos dos acontecimentos, o que demanda a interpretação, por parte do leitor, dos fatos relatados.

3) d
Uma vez que o rádio é uma mídia móvel, não exigindo, portanto, atenção exclusiva do ouvinte, é fundamental que suas notícias comecem pelo lide, de modo que o ouvinte ouça as informações centrais de imediato.

Capítulo 3

Questões para revisão

1) b
2) c
   Os *blogs* não seguem a lógica dos grandes *sites* noticiosos, não tendo, por isso, que restringir o tamanho ou a publicação de textos para dar espaço a propagandas. Quer dizer, ambos os elementos podem coexistir sem se afetar.
3) a
   Por meio de *hyperlinks*, o internauta pode traçar seu caminho de leitura, dedicando-se a múltiplos textos simultaneamente, o que não ocorre nas mídias impressas, nas quais o leitor lê os materiais conforme o percurso predefinido pelo autor.

Capítulo 4

Questões para revisão

1) c
   Segundo Shirky (2011), as novas tecnologias propiciaram a criação de funcionalidades condizentes com os desejos, valores e interesses dos usuários, que então passaram a usar, por exemplo, redes sociais para elogiar, reclamar e questionar o papel e a conduta de empresas ante certas pautas, bem como na produção e na oferta de serviços e produtos. Isso estimulou tais organizações a se adequarem, da melhor forma possível, às exigências do público.
2) a
3) a
   A publicação orgânica não oferece garantia de atingir um grande público.

Capítulo 5
Questões para revisão

1) b
   A Uber, e não o Airbnb, é a rede colaborativa que oferece serviço de transporte em veículos particulares.
2) a
   Wiki é um sistema colaborativo que auxilia na execução de tarefas compartilhadas.

Capítulo 6
Questões para revisão

1) d
   Em *Cibercultura*, Lévy apresenta e reflete sobre o fenômeno homônimo, vivenciado a partir da segunda metade do século XX e decorrente da interconexão global dos computadores e de suas memórias.
2) a
   A comunicação pressupõe participação, interação e troca de mensagens entre usuários. Diante das novas tecnologias de informação, essa dinâmica perdura, mas com uma importante alteração: a bidirecionalidade.
3) b
   A IoT opera com o reconhecimento de ações da pessoa ou do ambiente, inserindo na nuvem os dados coletados.

Sobre o autor

Fábio Ronaldo da Silva é doutor em História pela Universidade Federal de Pernambuco (UFPE), mestre e graduado em História pela Universidade Federal de Campina Grande (UFCG), especialista em Programação Visual e graduado em Comunicação Social pela Universidade Estadual da Paraíba (UEPB). Foi professor substituto dos cursos de Jornalismo da UEPB; de Publicidade e Propaganda do Centro de Educação Superior Reinaldo Ramos (Cesrei); de Comunicação Social das Faculdades Integradas Potencial (FIP); e de Produção em Audiovisual do Centro Universitário Facisa (Unifacisa). É colíder do projeto "Organização e Preservação da Memória da Ciência e Tecnologia em Campina Grande (1952-2002)" e desenvolve pesquisas nas áreas de comunicação e história.

Os papéis utilizados neste livro, certificados por instituições ambientais competentes, são recicláveis, provenientes de fontes renováveis e, portanto, um meio responsável e natural de informação e conhecimento.

FSC
www.fsc.org
MISTO
Papel produzido a partir de fontes responsáveis
FSC® C103535

Impressão: Reproset
Abril/2021